PALABRAS AL VIENTO

**FRANCISCO
BAENA CALVO**

ISBN papel: 978-84-686-6768-3
ISBN pdf: 978-84-686-3518-7
ISBN epub: 978-84-686-0348-3

Impreso en España
Editado por Bubok Publishing S.L

PRÓLOGO

Como un honor y una responsabilidad asumo la siempre difícil tarea de prologar un libro. Y digo difícil porque prologar un libro tiene dos tentaciones fundamentales: una, quedarse corto, y en este caso el prólogo estorba a la mejor comprensión del libro; otra, pasarse y convertir esta primera página en una especie de "botafumeiro", en una alabanza desmedida para quedar bien con el autor.

Ni en este caso, ni en ningún otro, busco ni lo uno ni lo otro. Busco la objetividad, introducir al lector en la lectura de esas páginas con ánimo abierto, con ganas de empaparse hasta el fondo de todos y cada uno de esos pensamientos, de esas ideas que incuestionablemente pueden servir de alimento para el espíritu, o al menos para una serena reflexión desde el silencio interior. Para acercarse a un escritor, a un libro en suma, es urgente hacer el silencio. Alejarse de todo ruido, y también de todo prejuicio. Ir con ojos abiertos, con inteligencia dispuesta a "beber" apasionadamente, cuanto entraña de verdad y de estímulo cada párrafo, cada número, cada carta.

Francisco Baena Calvo –compañero y amigo- no es un novato en estas lides. Lleva muchos años con el gusanillo de la pluma metido en sus entrañas. Desde hace tiempo él comprendió que los grandes púlpitos no están en las iglesias. Los grandes altavoces para la poesía, para la creación literaria, o para el anuncio de la misma fe, están en los Medios de Comunicación Social: libros, revistas, periódicos, radios, televisión…Hoy son esas fuentes donde se forjan las ideas, donde se comunican las actitudes éticas, o donde se deforma el gusto y hasta por la racionalidad. O por el contrario, son los Medios para la formación de las conciencias, para forjar la libertad, la cultura, la belleza y la misma fe. La importancia de esos Medios es enorme. Y entre ellos los libros –desde hace miles de años- ocupan un puesto de privilegio.

La Radio, periódicos, libros han ocupado –también desde hace años- un lugar de honor y de entrega apasionante, en el alma y el quehacer pastoral del Francisco Baena. Principalmente dos Medios: la Radio y el diario CÓRDOBA.

La Radio se escucha en el tajo, en el taller, en el coche, en la cama antes de dormirte. El periódico se mete en todos los rincones, en miles de hogares, se lee y se consulta constantemente en todas las oficinas, en la Universidad, Colegios, o en las antesalas de los despachos. Con estos Medios desayunamos, comemos y nos dormimos. Crean opinión y –como dije- forjan actitudes. En resumen: somos todos un poco hijos de todos ellos. Y son el mejor instrumento de siembra fecunda para la fe, para la forja del hombre y de la mujer modernos.

Con esta idea de siembra fecunda, de prestar un servicio noble a los que quieran aprovecharse de esa labor, imprescindible hoy más que nunca, Francisco Baena Calvo escribió "Palabras al viento" y "Cita con la Pluma".

PALABRAS AL VIENTO nació como reflexiones humanas y radicalmente cristianas. Nació par las ondas de la radio. Son reflexiones profundas, sobre mil problemas de la vida en la que se entremezcla lo humano y lo divino, la fe y la sensatez, la búsqueda de la felicidad, la defensa de los derechos humanos, los hijos, la sexualidad o el misterio de la cruz. No es nuevo este estilo de dejar caer ideas en la soledad del silencio para que el alma las vaya meditando serenamente. Desde el libro de los Proverbios, en la Biblia, pasando por nuestro Séneca y antes por Platón, por Tomás de Kempis a Escrivá de Balaguer, infinitos autores de ayer y de hoy se han servido de este género, corto y directo, para dejar caer la semilla del bien en la tierra sedienta de oyentes o lectores. Y digo sedienta, porque al fin y al cabo todos sin excepción alguna somos en la vida samaritanos, es decir, buscadores de la felicidad. Uno la beben en charcos manchados. Otros en aguas cristalinas. Allá cada cual con su libertad o frustración.

PALABRAS AL VIENTO es una invitación a tomar la vida en serio. Y porque el viento las palabras pueden perderse, este libro intenta llevar esas palabras e ideas más allá de la vida breve que tienen las ondas. Leídas despacio, rumiadas en el silencio de una iglesia, del campo junto a una arboleda, en el recodo de una senda, o en la paz del hogar, pueden y deben servir como deleite del espíritu o simple gozo de la inteligencia. Como impulso para andar y pisar fuerte en la senda –siempre complicada- de la vida.

¡Lector-a amigo-a! En tus manos tienes una buena obra. Lo digo de corazón. A nuestro mundo le falta sosiego y reflexión. Nos devoran las prisas y el vértigo. Pensamos poco, demasiado poco. Estas ideas te ayudarán a ser mejor persona y mejor cristiano-a. Estoy seguro que no se las lleva el ciento, que "lo escrito, escrito queda". Y siempre hay campo bueno para la buena semilla. Esta lo es sin duda alguna. Lo digo sin coba. Más que al autor, felicito a los lectores en cuyas manos caigan estas páginas. Porque al leerlas ya es un estupendo regalo. Recuerda que "no sólo de pan vive hombre", también de la palabra. Que ésta no se la lleve el viento. Será la mejor paga para el autor. Y para un servidor.

Pablo Moyano Llamas. Párroco de Montemayor.

INTRODUCCIÓN

Querido amigo/a:

Tienes en tus manos un libro sapiencial, unas palabras que han brotado de la contemplación, la meditación y la reflexión.

Nacieron como un remanso de paz para las ondas de la radio, para oyentes que en casa escuchan miles de noticias, y su objetivo era hacer florecer la esperanza y la confianza en el hombre.

Mis palabras, a menudo, son palabras torpes pero, intercaladas en palabras mágicas, llenas de grandeza de los mejores hijos de la Humanidad, cobran un valor excepcional. Son la esencia misma de la búsqueda hacia la felicidad que tienen rostro y nombre concretos en cada siglo, y nosotros lo recibimos como un legado maravilloso.

PALABRAS AL VIENTO nacieron para la radio. La radio es un signo de los tiempos, un lugar donde irradiar el mejor mensaje para todos. Ella llega y abre la ventana de los oyentes en una tarde fría de invierno o en el taller dl trabajo.

Abre este libro y acurrúcate en sus brazos. Son palabra de aliento, fortaleza y calor, que quieren saciar tu hambre de eternidad. Muchas reflexiones son oraciones, otras son leyendas o acontecimientos que han marcado mi existencia, mi vida en el día a día como persona, cristiano y sacerdote. Otras son meditaciones que brotan de una frase bíblica o de una frase lapidaria.

El escritor debe estar abierto a todo, y en medio de tantas palabras buscar los mensajes que encendieron el alma de millones de hombres y mujeres a lo largo de toda la historia.

Bien sabemos que en todas las obras completas de un escritor siempre hay algunas frases y párrafos que son capaces de llenar más que toda su obra.

Probablemente esta manera de seleccionar frases o citas célebres tiene sus inconvenientes y sus dudas. Sacar una frase de un contexto puede ser, en ocasiones, peligroso. Tampoco he pretendido provocar en el lector la aturdida sensación de una imagen deformada, subrayando una vasta cultura y el conocimiento de autores diversos.

¡No! Sólo aquellas frases que sacian mi alma y me ayudan en mi itinerario personal han servido de punto de partida, e incluso de punto de encuentro para iluminar la realidad, a veces hostil. Entre esos libros de inspiración ocupan un lugar privilegiado los libros de la BIBLIA, y, más en concreto, los Santos Evangelios.

Estas reflexiones, nacidas para la radio, son un aporte para la evangelización de las masas. La nueva Evangelización requiere utilizar los Medios de Comunicación Social como un medio privilegiado de anunciar a Jesucristo y su mensaje a un hombre y a una mujer contemporáneos que "se han convertido en audio-visual" (Pierre Babin).

¡Por favor, no leas las reflexiones de un tirón como una novela! Lee uno o varias cada día y entresaca la mejor enseñanza para tu vida.

Mi gratitud a la Emisora Municipal "Onda Marina" de Fernán-Núñez y en especial a Jesús Ruíz y a Antonio Luque, que han ayudado para que estas reflexiones lleguen a muchos hogares como un bálsamo y un mensaje de esperanza.

Gracias por haber optado por este libro. Seguro que no arrepentirás.

EL AUTOR

1.-La felicidad

El hombre siempre busca la felicidad. La vida del hombre es una aspiración hacia la felicidad. A veces, buscamos la felicidad fuera de nosotros mismos y nos equivocamos, pues la felicidad está dentro de nosotros mismos.

Nuestra principal tarea en la vida es ser felices. Ese el deseo de Dios, pero el camino más seguro es hacer felices a los demás. ¡Sé feliz haciendo felices a los demás!

2.-La vida

La vida es el mayor dono que recibimos. El mayor drama de un ser humano es vivir sin esperar nada de la vida, no encontrar un sentido a lo que hace ni a su propia existencia.

Vive de tal manera que nunca te arrepientas de haber vivido. Vive para que al final no te encuentres "con las manos vacías y el corazón roto".

La vida es el cumplimiento de una misión: colaborar con el Dios Creador para hacer que este mundo sea más fraterno y conforme a sus planes de amor y de justicia.

3.-Ser perfectos

Tenemos un proyecto maravilloso como personas: "Vosotros, pues, sed perfectos como es perfecto vuestro Padre celestial" (Mt 5,48).

Para esta tarea necesitamos desarrollar el pensamiento, el sentimiento y la acción; las tres unidas y conjuntadas.

Sin reflexión, la acción y el trabajo se convierten en activismo y se precipita la ruina; sin acción, el pensamiento se convierte en estéril e infecundo; sin sentimiento, el pensamiento y el trabajo carecen "de corazón y de calor humano".

Esfuérzate en vivir en coherencia y pon en armonía tu pensamiento, tu sentimiento y tu acción. ¡Serás auténticamente humano!

4.-La Cruz de cada día

Jesús de Nazaret invitaba a sus discípulos a coger la cruz de cada día y seguirle: "Si alguno quiere venir en pos de mí, niéguese a sí mismo, tome su cruz y sígame" (Mt 16,24).

No nos engañemos. La cruz es nuestra "compañera de viaje" en el peregrinar de la existencia, y aparece de "mil maneras" en nuestra vida diaria.

La verdadera cruz cristiana tiene un tramo hacia Dios, como ofrenda y donación para "completar a lo que falta a la pasión de Cristo", y un trazo horizontal como entrega al prójimo.

Entrega a Dios en la oración, la vida honrada, la llamada a la conversión y a la construcción de este mundo desde la paz y la justicia.

Entrega al prójimo en el amor, el respeto, el perdón, la compasión y la misericordia.

Madre Teresa de Calcuta decía que "el sufrimiento tomado en sí mismo no vale nada, pero si es compartido con la pasión de Cristo es un don maravilloso".

Ofrece tu sufrimiento al Señor y ofrécelo por la transformación del mundo en claves de amor, bondad, justicia y solidaridad.

5.-Un minuto de silencio

Hoy no se soporta ni "minuto de silencio"….Recuerdo que a mis alumnos un minuto de silencio es un sacrificio que difícilmente pueden realizar.

Muchos se sienten nerviosos y ansiosos cuando se encuentran solos en casa sin televisión ni música. ¡Si, el silencio cuesta mucho en un mundo de ruidos estridentes!

Necesitamos zonas de silencios interiores para encontrarnos con Dios y con nosotros mismos.

¡Hazte místico en medio de la calle, en tu trabajo y en tus afanes! ¡No huyas de ti mismo ni de Dios, porque entonces aparecerán grandes "fantasmas interiores" y te anclarás en la prisa, el ruido estéril y el temor!

6.- Baraja de cartas

Con frecuencia, la vida misma es como una partida de cartas en el que unas veces triunfa unos y otras veces otros.

Unas veces triunfa el As de oros: Aquellos que ponen su esfuerzo y todas sus energías en tener y almacenar riquezas. Aquellos que la vida es cuestión de dinero y que todo se puede comprar con dinero.

Otras veces triunfa el as de espadas: Aquellos que para solucionar los problemas lo hacen por la fuerza y las armas. Aquellos que afirman que la buena vida es imponerse sobre los demás y que el camino de la violencia todo lo alcanza.

Otras veces triunfa el as de bastos: Aquellos que no entienden ni comprenden el diálogo ni la comunicación, sino que la esencia misma de la vida es avasallar y reducir al prójimo como si fuera el contrario.

Otras veces triunfa el as de copas: Aquellos que no buscan solucionar sus problemas y ponerle nombre a sus conflictos, sino que deambulan por el camino de la evasión.

¡Si, esta tarde pensé que la vida misma es como una partida de cartas!

Pero ¿será eso la vida sin más? ¿No hay otra solución posible a este diminuto planeta y a nuestro camino por esta vida?... ¿no hay nada más?...

Y Justamente en ese momento de interrogantes tuve a bien mirar a Jesús y a su proyecto para el hombre y para el mundo.

Y me reafirmé en mi propio centro que sólo el amor puede cambiar a este mundo y que será la solución a los problemas. ¡Ese es el camino propuesto por Jesús de Nazaret!

7.-Cargad con mi yugo

Resuena en nuestro corazón estas palabras alentadoras de Jesucristo: "Acercaos a mí los que estáis rendidos y abrumados, que yo os aliviaré. Cargad con mi yugo y aprended de mí, que soy sencillo y humilde" (Mt 11,28-29).

Nunca pidas a Dios que te aparte la carga, sino que las puedas llevar con alegría y con gozo.

Sólo el que es capaz de unirse a Jesucristo en su sufrimiento, será capaz de redimirse en el sufrimiento y sus penas serán causa de purificación y redención.

8.-Una postura ante la riqueza

Ante el dinero y los bienes materiales se pueden tener varias posturas. Mientras unos piensan que el dinero no vale nada, para otros lo es todo, concluyendo "poderoso caballero, don dinero".

Lo realmente importante es la posición que el ser humano tiene ante el dinero. Una cosa es invertir, emplear y negociar con él, y otra cosa es obsesionarse para tener más y valorar a la gentes por el lema "tanto tienes, tanto vales".

El dinero sin amor es aplastante y vanidoso, genera ansiedad y lleva a un callejón sin salida.

Una de las mujeres más ricas decía amargamente: "Soy tan pobre, tan pobre, que lo único que tengo es dinero". Acabó mal.

¡Cuántos pobres te rodean cargados de joyas e insatisfechos en su pecho! ¡Cuántos pobres no reclaman un trozo de pan sino un "ramillete de afecto"!

¡Cuántos suspiran una mano amiga que los aliente en su fatiga y les ayuden en su desierto!

Todos sabemos que para una vida feliz y autorrealizada no vale solamente tener mucho dinero.

9.-El pensamiento

Decía Mahatma Gandhi que el hombre no es más que el resultado de sus pensamientos. De ahí la importancia que tiene el cultivar buenos y rectos pensamientos.

Ve formando tu conciencia día a día con la reflexión y el estudio. Te hará bien.

Sembrar en tu pensamiento ideas rectas es un camino seguro de crecimiento espiritual y humano. Purifica tu espíritu, rectifica tus errores y descubre tus fallos.

Una máxima dice así: "Si no vives como piensas, acabarás pensando como vives".

Cada día dedica unos minutos de tu valioso tiempo para examinar tu conciencia y descubre tu pequeñez delante del Señor.

10.-El secreto de la vida

La vida es como un coche lanzado a alta velocidad y debe conservar la calma y el dominio de sí para llegar a buen destino.

Tendrás muchas dificultades si no eres dueño de tus nervios; si no dominas tus instintos tu vida irá al precipicio. El dominio de sí mismo es el secreto de la vida.

Saber a dónde vas y adónde quieres ir no te llevará al caos y a la desesperanza, y podrás orientar tus pensamientos y acciones hacia tal fin.

Dirige tus pensamientos y tus deseos, tus motivaciones y tus anhelos hacia Dios.

11.-La conquista de uno mismo

La conquista de uno mismo es la mayor victoria que el hombre y la mujer pueden lograr en toda su existencia. El mayor esfuerzo de un ser humano debe ser que su razón y su corazón estén cargados de bien, y la vida sea atravesada por el amor hacia el prójimo.

En el sagrario interior, en tu conciencia, examina tus defectos y pon medios para corregirlos. No critiques solamente a los demás de los suyos, sé comprensivo con los fallos del otro y pon tu esfuerzo en "ser perfecto como vuestro Padre Celestial es perfecto" (Mt 5,48)

12.-Saber callar

Saber hablar y callar es una gran virtud. Entre las dos no sabemos cuál es la más importante.

Callar de sí mismo es humildad; no hablar de si mismo cuando sientes el deseo de exponer tus propios méritos e ideas es signo de verdadera humildad.

Callar los defectos ajenos es caridad; no hablar tanto de los defectos del otro es, ciertamente, caridad.

Callar a tiempo es prudencia. No hablar "a golpe de impulsos, diciendo aquello que nos viene sin meditarlo y razonarlo. Eso es prudencia.

Callar en el dolor es heroísmo; no proyectar en los demás las propias penas eso es heroísmo.

Ya sabes que cuando "las palabras no son más importantes que el silencio, es mejor callar".

13.-Ser profetas

Los profetas buscan un ideal de justicia y de fraternidad, defienden los derechos fundamentales de todas las personas, pretenden construir una sociedad digna conforme al proyecto liberador de Dios, critican a la religión que olvida la justicia y los pobres, anuncian que Dios está siempre a favor del hombre y de su propia realización.

Todos nosotros estamos llamados a ser profetas desde el Bautismo, la vinculación plena con Jesucristo, que lleva a su plenitud el verdadero profetismo.

14.-La unidad en la Iglesia

Los cristianos debemos vivir unidos, aunque la unión no quiere decir uniformidad. Debemos acostumbrarnos a vivir respetando a otros que opinan de diferente manera y difunden con convicción y en conciencia otras opiniones.

La unión tiene que se de corazones y de espíritu. Deben aunarse el amor a Dios, el Dios manifestado plenamente en Jesucristo, y el amor a los hermanos.

Bueno sería escribir en las paredes de nuestra casa la norma que San Agustín de Hipona, en el siglo IV, señalaba a la Iglesia: "en lo necesario, unidad; en lo opinable, libertad; en todo, caridad".

15.-Una oportunidad

Un refrán árabe dice que hay cuatro cosas que no vuelven: la palabra pronunciada, la flecha disparada, la experiencia tenida y la oportunidad desperdiciada.

Si hiciéramos una lista de oportunidades desperdiciadas seguro que sería interminable.

Lo verdaderamente importante es hacer de cada oportunidad una posibilidad para nuestro crecimiento personal. No la desaprovechemos porque Dios nos da cada día una oportunidad para ser felices y para ser santos.

16.-El Padrenuestro

Un joven preguntó a un sacerdote: "¿Podría darme una fórmula para saber cómo anda mi cristianismo?"

El sacerdote meditó unos minutos y le respondió: "¿Una fórmula? La mejor manera de averiguar cómo anda tu cristianismo es descubrir si tu vida entera cabe en el Padrenuestro.

¡Sí, el Padrenuestro es una oración para vivir, una oración para confiar, una dinamita que rompe con nuestro egoísmo, nuestras estrechas miras y nuestros mediocres proyectos personales, lejos del perdón!

17.-El secreto del éxito

Disraeli, psicólogo y escritor, decía que el secreto del éxito consiste en estar preparados para nuestra oportunidad cuando ella se presente.

La vida es como un "caballo de Troya" en cuyo vientre habitan grandes oportunidades y posibilidades.

Bueno sería que aprobemos la más importante de las asignaturas: "el arte de valorar las pequeñas y grandes oportunidades de la vida".

No desperdiciemos la vida en mezquindades y saboreemos la grandeza de Dios en lo que nos rodea.

18.-Tener defectos

No tratar de corregir lo que puede y debe ser corregido es una verdadera frustración y mal en la vida de cada persona.

Cada día amanece para que vida se convierta en una oportunidad para llegar a la perfección, a la madurez humana y al conocimiento pleno de la realidad.

Descubre por ti mismo que lo importante no es caerse sino levantarse, no es pecar sino arrepentirse, no es herir sino curar, no es molestar sino pedir perdón.

19.-Primer artículo de los derechos humanos

El día 10 de Diciembre se celebra el Día de los Derechos Humanos, que tiene su origen en el año 1950.

En el año 1950, la Asamblea General de las Naciones Unidas invitó a todos los Estados y Organizaciones interesadas a que se celebrara este día.

Escribe en las fibras de tu corazón el primer artículo de la declaración universal de los derechos humanos: "todos los seres humanos nacen libres e iguales en dignidad y derechos, y, dotados, como están de razón y conciencia, deben comportarse fraternalmente los unos con los otros".

¡Sí, afirma con tu vida y con tus actitudes, que todos los hombres y mujeres son iguales en dignidad, y que debemos sentirnos como hermanos, pertenecientes a una misma y única humanidad!

¡Sí, somos hijos de Dios, que nos llama a la libertad y a la igualdad!

20.-La vida es un misterio

La vida es un misterio y la mayor manifestación de Dios en medio del hombre. Vivir saboreando la vida es la mayor de las victorias.

No seas un mirón que contemplas lo bien o lo mal que lo hacen los demás, como si estuvieras en una plaza de toros.

No seas un evasivo que miras para otro lado de los problemas y buscas "sustitutos" para no acercarte a la vida que te ha sido regalada.

Se un comprometido con tu entorno e intenta, a pesar de tu pequeñez y tus pecados, transformar la injusticia en beneficio de la paz y la justicia. ¡Sólo así serás una bendición!

21.-Valorar lo sencillo

Cuando somos capaces de valorar lo sencillo y lo pequeño es cuando nos convertimos en sabios.

Sabio no es aquel que sabe mucho sino el que es capaz de descubrir la grandeza en lo pequeño.

Sabio no es aquel que afirma con contundencia lo que sabe, sino el que reconoce humildemente lo mucho que le queda por aprender.

Sabio es aquel que en medio del cielo estrellado, en medio de la noche, es capaz de intuir las huellas de los rayos matutinos del sol.

Medita este maravilloso lema: "No llores porque no veas el sol, pues tus lágrimas te impedirán ver las estrellas".

Saborea la vida como un gran regalo de Dios.

22.-Tentaciones de la vida

Hay dos grandes tentaciones en la vida: una, anclarse en el pasado y, otra, mirar desesperadamente al futuro.

Si miras para atrás y añoras que "cualquier tiempo pasado fue mejor", tu añoranza te impedirá descubrir que el presente es un regalo de Dios, una oportunidad para santificarte despacio, valorando las pequeñas cosas y personas que tienes a tu alrededor.

Si continuamente miras al futuro y desesperadamente buscas un "mundo" mejor, más acorde con la seguridad y la comodidad, entonces huirás de tu presente como de la peste, y serás una desgraciada, una pobre perdida en el ajetreo de la historia.

Sólo si vives el presente como un tiempo de Dios, sin olvidar el pasado y abierto al futuro, entonces tu vida será verdaderamente un don y una oportunidad para ser tú misma... Nunca olvides la recomendación del gran escritor Goethe: "El que no sabe llevar su contabilidad por espacio de tres mil años se queda como un ignorante en la oscuridad y sólo vive al día".

23.-El Puente

Cuando seas un puente en la vida entonces brillará tu entraña de humanidad.

Ser puente supone salir de tu soledad y comunicarte con el otro, tener la capacidad de acceder y abrirte al prójimo, compartir con el que tienes cerca tus cualidades y tus talentos, poner tu vida al servicio del otro y preguntarte cómo puedes destruir el muro que te separa de los demás.

Recuerda que la grandeza del puente no está en sus piedras sino que nos impide caer en el precipicio y nos lleva a la otra orilla.

24.-El arte de afrontar problemas

Una mujer se rebelaba abiertamente de los contratiempos y dificultades con que se tenía que enfrentar en su vida. Y no aceptaba en absoluto un problema familiar que la torturaba y le hacía sentirse muy mal.

Se preguntaba con ahínco el porqué de su situación y qué había hecho ella para merecer aquello.

Comentaba con lágrimas su angustiosa situación a una amiga, cristiana comprometida y practicante, y ésta le sugirió: "Querida amiga, lo primero que tienes que hacer es aceptar tu situación y afrontarla sin máscaras ni engaños. Lo segundo es ponerle nombre a esa situación para poder analizarla en sus elementos más simples. Y después estudiar las posibles causas que han llevado a esta situación tan dramática. Finalmente, busca posibles soluciones y decídete por la menos mala y más razonable.

Pero te recuerdo vivamente que para que encuentres una respuesta integradora y paz contigo misma no rechaces a Dios de todo este proceso, y desde Él puedes encontrar un medio para crecer como persona y como cristiana un camino de santificación".

25.-Jesús crece

Jesús de Nazaret creció en "sabiduría y en gracia ante Dios y ante los hombres" (Lc 2,52).

Su madre, María de Nazaret, le ayudó a descubrir la voluntad del Padre en su vida.

Le educó en respeto y en libertad para asumir el proyecto de salvación y redención en toda su existencia; le transmitió el respeto a las tradiciones y la fe de sus mayores, las tradiciones judías; le educó en la fe y en la confianza en la gente.

Sólo si los padres ayudan a los pequeños a ser fieles a sí mismos y a Dios será posible descubrir que el proyecto humano ha llegado a su plenitud, abierto al futuro esperanzador de la gloria.

26.- Jesús cura enfermos

Jesús de Nazaret cura enfermos, sana y libera a la gente, y todo lo hace no para convencer y buscar el reconocimiento y la aprobación de los demás, sino como signos de que "el Reino de Dios ha llegado".

Cualquier signo y milagro de Jesús es realizado en un clima de fe y de confianza.

La salvación que nos trae Jesús es una salvación integral, que afecta a todas las dimensiones de la persona.

¡Ábrete a la acción salvífica de Dios y siente que Jesucristo ha venido "para sanarte"!

27.-El cielo

Benedicto XVI, en la oración del Ángelus del 1 de Noviembre del 2006, decía: "Para nosotros, los cristianos, "vida eterna" no indica solo una vida que dura para siempre, sino, más bien, una nueva calidad de existencia, plenamente inmersa en el amor de Dios, que libra del mal y de la muerte, y nos pone en comunión sin fin con todos los hermanos y hermanas que participan del mismo Amor. Por tanto, la eternidad ya puede estar presente en el centro de la vida terrena y temporal, cuando el alma, mediante la gracia, está unida a Dios su fundamento último" (1-11-2006).

El Papa Juan Pablo II, en unas Catequesis sobre el cielo, en el año 1999, decía: "En el marco de la Revelación, sabemos que el "cielo" o la "bienaventuranza" en la que nos encontraremos no es una abstracción, ni tampoco un lugar físico entre las nubes, sino una relación viva y personal con la Santísima Trinidad" (21-7-1999).

En una ocasión le preguntaron a Mario Moreno Cantinflas, cómo pensaba que Dios le iba a recibir en el cielo cuando se muriera. Y Cantinflas contestó: "Cuando Dios me vea, por lo menos me recibirá con una sonrisa".

¡Sí, el "cielo" es una relación viva y personal con la Santísima Trinidad, y una vida plenamente inmersa en el amor de Dios, que libra del mal y de la muerte!

28.-Cristo vive en los enfermos

Amelia tenía 22 años y se fue de vacaciones a Calcuta. Se presentó en el hospital de leprosos que regentaban las hermanas misioneras de Madre Teresa de Calcuta.

La madre Teresa le había dicho: "Sentirá repugnancia y hasta asco al lavar a los leprosos y curarles sus heridas, pero no vea en el enfermo o en la enferma solamente a un leproso, vea en ellos a Jesús, y verá cómo siente amor y ternura por los enfermos". Amelia lo hizo así.

Un día, un musulmán la vio, la saludó y le dijo: "mire, yo soy de religión musulmana y siempre he creído que Jesús de Nazaret es un gran profeta. Hoy creo que Jesús es Dios, porque él ha sido capaz de darle a usted el gozo y el afecto para realizar su trabajo con tanto amor con estos leprosos".

Haz que resuene en tu corazón estas palabras: "Cuando el Hijo del hombre venga en su gloria rodeado de todos los ángeles, se sentará en su trono glorioso. Todas las naciones serán reunidas en su presencia, y él separará a unos de otros, como el pastor separa las ovejas de los cabritos, y pondrá a aquellas a su derecha y a estos a la izquierda. Entonces el Rey dirá a los que tenga a su derecha: "Vengan, benditos de mi Padre, y reciban en herencia el Reino que les fue preparado desde el comienzo del mundo, porque tuve hambre, y ustedes me dieron de comer; tuve sed, y me dieron de beber; estaba de paso, y me alojaron; desnudo, y me vistieron; enfermo, y me visitaron; preso, y me vinieron a ver". Los justos le responderán: "Señor, ¿cuándo te vimos hambriento, y te dimos de comer; sediento, y te dimos de beber? ¿Cuándo te vimos de paso, y te alojamos; desnudo, y te vestimos? ¿Cuándo te vimos enfermo o preso, y fuimos a verte?" Y el Rey les responderá: "Les aseguro que cada vez que lo hicieron con el más pequeño de mis hermanos, lo hicieron conmigo" (Mt 25, 31-40).

29.-La felicidad

Aristóteles, el filósofo griego más importante de todos los tiempos, afirmaba que la felicidad es el bien supremo del hombre.

Aunque todos aspiramos y queremos ser felices, no todos buscamos la felicidad por el mismo camino.

Algunos se pierden en la espiral del placer y del dinero como si navegaran en un "laberinto sin retorno".

Otros se obsesionan dominando sus pasiones como si todo dependiera de la voluntad y del dominio interior.

Otros saben que el camino de la felicidad pasa necesariamente por amar intensamente a los seres humanos.

30.-No seas un conformista

No seas un conformista que se resigna al estado actual de las cosas como si no se pudiera cambiar nada.

El conformista dice que no hace falta cambiar nada, porque las cosas son así, siempre lo han sido y siempre lo serán. Se cruzan de brazos y exclaman: "¡Qué le vamos a hacer!".

No seas un conformista. Se realista y trabaja para que en tu entorno haya más justicia y comprensión.

¡Hoy puede ser un gran día, un maravilloso día para ti y para los que te rodean, si trabajamos por la justicia, la solidaridad, el amor y la dignidad de cada ser humano!

31.-Vivir el presente

Sólo el que vive el momento presente sin olvidarse del pasado no caerá en la nostalgia "inerte y sentimental".

Sólo el que vive el momento presente sin olvidarse del futuro no será un "iluso y evasivo".

Jesús de Nazaret nos urge: "Buscad primero el Reino de Dios y su justicia, y todas esas cosas se os darán por añadidura. Así que no os preocupéis del mañana: el mañana se preocupará de sí mismo. Cada día tiene bastante con su propio mal" (Mt 6,34).

32.-El cristiano ante lo humano

Todo lo humano debe encontrar eco en tu corazón, en el corazón del cristiano.

El Vaticano II decía: "Los gozos y las esperanzas, las tristezas y las angustias de los hombres de nuestro tiempo, sobre todo de los pobres y de cuantos sufren, son a la vez gozos y esperanzas, tristezas y angustias de los discípulos de Cristo. Nada hay verdaderamente humano que no encuentre eco en su corazón. La comunidad cristiana está integrada por hombres que, reunidos en Cristo, son guiados por el Espíritu Santo en su peregrinar hacia el reino del Padre y han recibido la buena nueva de la salvación para comunicarla a todos. La Iglesia por ello se siente íntima y realmente solidaria del genero humano y de su historia." (G.S. 1)

Nada humano, alegrías y tristezas, gozos y angustias, del hombre y de la mujer de hoy debe quedar al margen de las preocupaciones y anhelos de todo cristiano.

En Jesucristo, lo humano ha sido llevado a su plenitud y lo divino se ha hecho más humano. San Ireneo decía: "La gloria de Dios es que el hombre viva".

Dos caminos comunicados e inseparables: Ir a Dios por el hombre e ir al hombre por Dios.

El cristiano no elimina nada de cuanto bello, bueno y verdadero hay en cualquier persono o cultura. En cada persona y cultura debe encontrar "semillas de eternidad" y "señal del Eterno", que desde Jesucristo le manifiesta el don maravilloso de la salvación.

No podemos encontrar contradicción entre las aspiraciones nobles para transformar la realidad, la realización personal de cada ser humano y la Buena Noticia de Jesucristo.

Vive la armonía de todo cuanto existe y ábrete a la acción sorprendente de Dios.

33.-La fe

La fe es un acto libre y una opción que abarca todos los aspectos de nuestra existencia: voluntad, inteligencia y afectividad. Por la fe, el hombre le ofrece a Dios "el homenaje total de su entendimiento y voluntad".

La fe no puede ser reducida a un conjunto de doctrinas o dogmas que hay que creer, no es el simple cumplimiento de unas normas morales, no es un refugio frente a los problemas que se presentan en la vida.

34.-La publicidad

La publicidad, unida a las leyes de mercado, ha convencido a una gran parte de la sociedad de que sólo es posible la felicidad entrando en la "espiral del consumo", la comodidad y el lujo.

En este momento deja resonar en tu interior las palabras contundentes de Jesús, que han provocado la conversión de muchos santos: "No amontonéis tesoros en la tierra, donde hay polilla y herrumbre que corroen, y ladrones que socavan y roban. Amontonaos más bien tesoros en el cielo, donde no hay polilla ni herrumbre que corroan, ni ladrones que socaven y roben. Porque donde está tu tesoro, allí estará también tu corazón" (Mt 6,19-21)

35.-El grupo humano

Para que un grupo humano funcione adecuadamente es necesario que existan buenas relaciones entre sus miembros y que los objetivos sean comunes.

La sintonía y la empatía entre los miembros del grupo son requisitos necesarios para nuestras relaciones humanas y sociales.

¡Qué sabiduría se esconde en esta frase: "no camines detrás de mí, puedo no guiarte; no camines delante de mí, puedo no seguirte! Camina a mi lado y seamos amigos"

Vive esta máxima en tus relaciones con los demás y recuerda que es necesario que aceptes al otro tal cual es.

36.-La salvación

La salvación es un regalo de Dios que no se consigue por méritos propios.

La salvación nos la ha merecido Jesús de Nazaret, muerto y resucitado. Su vida, muerte y resurrección nos revela cuánto nos ama Dios.

Dios ha salido a nuestro encuentro y nos ama con criterios de compasión y misericordia, atrayéndonos desde Jesucristo con "correas de amor".

Lo único válido ante Él es corresponder a ese amor con gratitud desde un amor a las personas y a la creación.

Haz de hoy el mejor día de tu vida y no desaproveches las oportunidades que te presenta Dios para hacer el bien. ¡Eso sí que es corresponder al amor de Dios y reconocer que "somos salvados"!

37.-La ruptura fe-cultura

En la Exhortación apostólica "la Evangelización del mundo contemporáneo", Pablo VI afirmaba: "la ruptura entre evangelio y cultura es, sin duda alguna, el drama de nuestro tiempo…De ahí que hay que hacer todos los esfuerzos con vistas a una generosa evangelización de la cultura o, más exactamente, de las culturas".

Como cristianos hagamos un esfuerzo decidido por "llenar de Jesucristo y su Evangelio" tus relaciones humanas y tu ambiente, haciendo coherente nuestra existencia toda.

38.-La paz

Resulta esclarecedor lo que el Papa Juan Pablo decía en la Encíclica "Sollicitudo rei socialis, número 10: "¿Cómo justificar el hecho de que grandes cantidades de dinero, que podrían y deberían destinarse a incrementar el desarrollo de los pueblos, son, por el contrario, utilizados para el enriquecimiento de individuos o grupos o bien asignados al aumento de arsenales, tanto en países desarrollados como en aquellos en vías de desarrollo, trastocando de este modo las verdaderas prioridades? Si el desarrollo es el nuevo nombre de la paz, la guerra y los preparativos militares son el mayor enemigo del desarrollo integral de los pueblos".

¡Sí, la guerra y el tráfico de las armas son las mayores amenazas para la paz cimentada en la justicia!

Toma conciencia de que el saludo de Cristo Resucitado era "¡la paz con vosotros"!" (Lc 24,36b), y que tenemos que ser mensajeros de la paz.

39.-Dios sale al encuentro del hombre

Dios sale al encuentro del pecador y quiere se "convierta y viva". Él no condena a las personas sino que pone en evidencia todas las acciones, pensamientos y omisiones que están al margen de su proyecto liberador y redentor.

El "corazón de Dios" es tan grande que tienen cabida todos los hombres y mujeres, sin distinción de razas, culturas o naciones. Pide perdón de todas las culpas a Dios y descubre que has pecado de pensamiento, palabras, obras y omisión. Y recuerda que "dónde abundó el pecado, sobreabunda la gracia" (Rom 5,20).

40.-La vida tiene sentido

Algunos afirman que la vida del hombre no tiene sentido ni tiende a ningún fin. La vida, comentan, gira en torno al absurdo y a un "eterno retorno hacia la nada".

Esta "filosofía del absurdo" fomenta la angustia y la desesperanza en los seres humanos y sitúa a la persona en la desolación, paralizándolo en sus actitudes, sueños y deseos.

Descubre que en la entrega y el amor hacia los demás se encuentra la verdadera ruta para ser un auténtico ser humano, que nos abre a un futuro esperanzador del "más allá", al encuentro definitivo con Dios.

41.-"La Iglesia es santa y pecadora"

La Iglesia es Santa y pecadora, "casta y meretriz", como les gustaba decir a los Santos Padre de la Iglesia.

Santa, basada y anclada en la acción salvadora y redentora del Dios, Uno y Trino, el Dios Amor, el Sólo Santo. Santidad respaldada y alentada por el Espíritu Santo desde el principio hasta el final de los tiempos.

Pecadora, fruto de las acciones y las faltas de cada uno de sus miembros, también de los nuestros.

Efectivamente, "la Iglesia es santa y pecadora.

Realmente la Iglesia como grupo humano tiene una larga historia llena de virtudes y almas grandes pero también tiene páginas tristes y oscuras, escandalosas y atroces.

Toda la Historia de la Iglesia debe ser debe ser leída desde la llamada a la conversión que nos lanza el evangelio a todos.

Pero tampoco es de recibo que la Iglesia reniegue de su pasado sin más. Todo el patrimonio de la Iglesia es el fruto de su historia y no puede rechazarlo.

Siente que la Iglesia no se tambalea por los fallos, sino por la falta de fe, y que Dios nos llama a construir una Iglesia más fraterna, solidaria y evangélica.

42.-Soñar

El Cardenal Suenens afirmaba: "¡Felices los que tienen la audacia de soñar y están despiertos a pagar el precio necesario para que su sueño tome cuerpo en la historia de los hombres!"

Bien sabemos que los hijos e hijas más grandes de cada generación histórica se han distinguido del resto por su capacidad de soñar y su constancia, unida a una esperanza brillante por anhelar una sociedad diferente.

No te desanimes en tu aventura existencial y atrévete a soñar.

Sueño que llegará el día en que los carros del combate se harán arados y los corazones insolidarios de los hombres se abrirán en beneficio de la paz y de la justicia.

Sueño que el Primer mundo abrirá las puertas de su egoísmo para mirar al Tercer Mundo con benevolencia y misericordia, y se pueda perdonar la deuda externa de los países pobres para que los países pobres puedan invertir sus recursos en su propio desarrollo.

Sueño que los pobres de la tierra encontrarán en nosotros las palabras que necesitan para sumergirse en las moradas del amor, ese dinamismo placentero y animoso que da sentido más auténtico al mundo y a la vida del hombre.

Sueño que se promueva en todos los países una auténtica cultura de la solidaridad que tenga como objetivo la promoción de la justicia y la paz, la educación y la convivencia, el respeto y la educación para todos.

Sueño que los violentos, que siembran con sus golpes nuestro pequeño planeta de muerte y odio, abracen a sus víctimas y declaren un manifiesto a favor de la paz y renuncien a la carrera de armamentos que rompe todo intento de los países pobres para salir de su situación.

Sueño que el Dios del amor y de la misericordia, manifestado en Jesucristo, nos bendiga y nos alcance todo cuanto le pedimos, al tiempo que suplicamos que la paz y la justicia sean las alas de un mundo que camine hacia la plenitud.

43.-"Zonas ecológicas del Espíritu"

Clemente Serna, abab del Monasterio de Silos, definió a los monasterios como "zonas ecológicas para el corazón del hombre y de la mujer de este tiempo".

Clemente tenía razón. En una vida tan apresurada y ajetreada que llevamos, cargada de estrés y de nerviosismo, lo que representa cualquier monasterio, lugar de reposo y de paz con Dios y consigo mismo, son hoy como "zonas ecológicas", espacios privilegiados donde los ruidos y las preocupaciones del mundo, quedan lejos.

Descubre que a pesar de los ruidos y las preocupaciones, tú estás llamado a ser un "místico", un enamorado de Dios.

Descubre que necesitamos experimentar al Dios cercano y misericordioso en medio de nuestros afanes, desarrollando una mirada contemplativa en la vida y desde los acontecimientos.

44.-Un buen libro

¡Cuántas oportunidades tenemos para conocer la naturaleza humana, que en ocasiones se hace tan evidente y otras tan misteriosa!

Margarite Yourcenar, en su novela histórica "Memorias de Adriano", pone en boca del protagonista un párrafo sapiencial: "Como todo el mundo, sólo tengo a mi servicio tres medios para evaluar la existencia humana: el estudio de mí mismo, la observación de los hombres,…; y los libros".

En los libros se esconde la grandeza del espíritu humano de millones de generaciones desde el principio hasta hoy y las mejores intuiciones de los mejores hijos de la humanidad.

Siente siempre la compañía grata de un buen libro y tu espíritu crecerá intensamente, porque, muy bien dice un proverbio: "un libro abierto es un cerebro que habla; cerrado, un amigo que espera; olvidado, un alma que perdona; destruido, un corazón que llora".

45.-Cristianos no sólo de nombre

San Ignacio de Antioquia recibió el martirio el año 107 en tiempos del Emperador Trajano, y durante su viaje a Roma escribió siete cartas, dirigidas a varias Iglesias.

En una de esas cartas a los cristianos de Roma escribía: "lo único que para mí habéis de pedir es que tenga fortaleza interior y exterior, para que no sólo hable, sino que esté también interiormente decidido, a fin de que sea cristiano no sólo de nombre, sino también de hecho. Si me porto como cristiano, tendré también derecho a este nombre y, entonces, seré de verdad fiel a Cristo".

Pidamos al Señor que no seamos cristianos sólo de nombre, sino que nos portemos como cristianos en nuestros ambientes, siendo fieles a Cristo.

46.-Vivir en verdad

El doctor Gobbels, ministro de ilustración y propaganda del Tercer Reich alemán, decía: "una mentira repetida varias veces termina convirtiéndose en verdad".

El hombre y la mujer actuales, denominados como "audiovisuales", están condicionados por los medios de comunicación como una nueva mediación entre ellos y la misma realidad, aún con el riesgo de manipulación y con el peligro de perder la capacidad de reflexión y de contemplación. Jesús de Nazaret decía "la verdad os hará libres" (Jn 8,32). Vivamos la exigencia evangélica de vivir en verdad y tengamos como tarea diaria desenmascarar el engaño, las mentiras y las "medias verdades" de los medios de comunicación y de nuestras manifestaciones lingüísticas.

47.-Los milagros existen

Emociónate con la gota de rocío que se posa en los cristales de tu   ventana, con el ramillete de estrellas que engalanan el cielo, la sonrisa del niño que se siente acogido y querido, la compasión del hombre que no se deja llevar por el odio y la revancha, la grandeza de la naturaleza que engendra la vida, la magia del fuego en la intimidad de tu chimenea, la maravilla serena de un paisaje contemplado en la altura de la montaña, la rebeldía de los jóvenes que se resisten a resignarse a este mundo tan poco dado a querer... ¡Si, la vida misma no necesita de milagros extraordinarios. ¡La vida misma es un milagro!

48.-Creo en Dios Creador

El Premio Nobel de Física, Alfredo Kastler, declaraba en el año 1968: "La idea de que el mundo, el universo material, se ha creado a sí mismo me parece absurda.

Para un físico, un solo átomo es tan complicado que supone tal inteligencia, que un Universo puramente materialista carece de sentido... Yo no concibo el mundo sino con un Creador infinitamente inteligente".

¡Qué grandeza brota de los labios de una eminencia científica, que se sorprende como un niño de la maravilla de la realidad y del Universo!

¡Pon en tus labios y en tu corazón las primeras palabras del Credo Cristiano: "Creo en Dios Padre, Creador del cielo y de la tierra, de todo lo visible y lo invisible"!

49.-Relación con las religiones no cristianas

En el decreto "Declaración sobre las relaciones con las Iglesias no cristianas" del Concilio Vaticano II, se dice: "La Iglesia católica no rechaza nada de cuanto en estas religiones hay de santo y verdadero. Considera con sincero respeto los modos de obrar y de vivir, los preceptos y doctrinas que, por más que discrepen en mucho de lo que ella profesa y enseña, no pocas veces reflejan un destello de aquella verdad que ilumina a todos los hombres"

¡Qué lejos queda de este talante respetuoso en que pretende estar la Iglesia católica postconciliar de las posturas intransigentes y fanáticas, lejanas a todo diálogo y entendimiento!

Recuerda que como cristiano/a no puedes rechazar nada de cuanto santo y verdadero hay en toda religión.

50.-Esos videntes

Brotan, por doquier, en esta historia nuestra, "esos videntes de ocasión" e iluminados que, en nombre de Dios, nos relatan sus "mismísimas palabras", reveladas en una noche divina de éxtasis y escritas "casi al dictado" como palabra definitiva, autorizada y legítima.

A los sedientos buscadores de tantos videntes con la última palabra oportuna hay que decirles que "la economía nueva y definitiva, nunca pasará; ni hay que esperar otra revelación pública antes de la gloriosa manifestación de Jesucristo, nuestro Señor" (D.V. 4) y "lo que los Apóstoles transmitieron comprende todo lo necesario para una vida santa y para una fe creciente del Pueblo de Dios" (D.V. 8)... Decía San Juan de la Cruz: "Dios ha quedado como mudo y no tiene más que hablar. Lo que hablaba antes por partes a los profetas ya lo ha hablado en el todo, dándonos al Todo, que es su Hijo".

Muchos de nuestros contemporáneos, en esta historia dramática, tan falta de apoyo, se aferran a estos pretendidos "mensajeros de Dios" que piden sometimiento y algún que otro "negocio sucio".

51.-"En Espíritu y en verdad"

Dos peregrinos se reunieron en un santuario de fama mundial. Uno de ellos era de Roma y otro de Jerusalén. Los dos hablaban con entusiasmo de sus respectivas ciudades y de la belleza de sus templos.

El peregrino de Roma exclamó: "No hay mejor y más santo lugar para rezar que la Capilla Sextina". Sin embargo, el peregrino de Jerusalén afirmó: "Estás equivocado. El mejor sitio para adorar a Dios es el Templo y el Muro de las Lamentaciones". Alguien que pasaba por allí escuchó la discusión de los dos hombres piadosos y les recordó unas palabras del Evangelio: "...Llega la hora en que los ni en este monte ni en Jerusalén adoraréis al Padre...Llega la hora en que los verdaderos adoradores adorarán al Padre en espíritu y en verdad..." (Jn 4,23).

Y en ese mismo momento se acabó la discusión.

52.-El dolor

No pienses que el dolor es un castigo divino que debes padecer por algo malo que hayas hecho.

Experimenta que tu sufrimiento y tu dolor pueden ser un cauce para unirte más a Cristo y un motivo para ofrecerlos "por la salvación del mundo".

Siente que tu dolor y tu sufrimiento te puede ayudar a purificar tu propia vida, aunque rechaces que el sufrimiento sea una "prueba de Dios".

Saca una buena enseñanza de tu dolor: Todos los hombres y mujeres, por muy poderosos y sabios que puedan parecer, somos iguales en la debilidad y debemos ser más humildes de lo que realmente somos.

53.-Modelos de identificación social

Los modelos de identificación en una sociedad constituyen uno de los principios más importantes de transmisión de valores, especialmente para las generaciones más jóvenes.

El problema surge cuando la sociedad eleva a las más altas cimas del éxito y de prestigio social a personas "moralmente peligrosas".

Demócrates, filósofo griego, decía sin vacilación: "Todo está permitido cuando los malos sirven de ejemplo y los buenos de mofa".

Este severo diagnóstico de Demócrates rompe esquemas éticos y nos advierte que debemos tender a construir y valorar al "hombre bueno y honrado", verdadero objeto de la moral.

54.-Conocer a los demás

Ludwig Börne, escritor y político alemán, decía con contundencia: "conviene conocer a los demás para conocerse a sí mismo".

Ya sabemos que lo más difícil y lo que genera más inquietud es responder a una pregunta básica y fundamental: "¿Quién soy yo realmente?".

Sin la referencia a los otros es imposible dar una respuesta satisfactoria a esta pregunta que ha hundido a gente en la más brutal desesperanza y a otros los ha puesto en camino hacia una búsqueda apasionante, abierta también al "Totalmente Otro" (Dios).

55.-Búsqueda de sentido

Fedor M. Dostoieswsky, novelista ruso, afirmaba con una brillantez propia de los sabios: "el secreto de la existencia no consiste solamente en vivir, sino también en saber para qué se vive".

La búsqueda de sentido y saber el "para qué" de tus acciones y sufrimientos constituyen la mayor de las riquezas que un ser humano pueda tener y se convierte en el "motor" fundamental para mantenerse íntegro en esta vida "tan poco dada a querer".

Esta búsqueda de sentido enlaza profundamente con la dimensión espiritual y religiosa de todo ser humano, al tiempo que acrecienta la función social que tiene la religión para cualquier sociedad, también la nuestra, aparentemente "secularizada".

56.-No contradicción entre fe y ciencia

Einstein, uno de los científicos modernos más importantes, afirmaba: "No puedo concebir a un auténtico científico que carezca de profunda fe… La ciencia, sin la religión, está coja, y la religión sin la ciencia, ciega".

Dos principios hay que tener en cuenta como cristianos, reconociendo que la fe nos debe llevar a una búsqueda y a un anhelo de la verdad: la Biblia no es un libro científico y la ciencia no puede negar a Dios si no es saliéndose de su competencia científica.

El Concilio Vaticano II decía: "Para descubrir la intención del autor, hay que tener en cuenta, entre otras cosas, los géneros literarios. Pues la verdad se presenta y se enuncia de diverso modo en obra de diversa índole histórica, en libros proféticos o poéticos o en otros géneros literarios" (D.V.12).

Siente que como cristiano no puede haber contradicción entre la fe y la ciencia, entre el encuentro con Dios y el anhelo de la verdad, que debe existir en toda manifestación científica.

57.-"Haznos instrumentos de tu paz"

Haz tuya esta magnífica oración de la paz, atribuida a San Francisco de Asís: "Señor, haz de mí un instrumento de tu paz; que donde hay odio, ponga amor; que donde haya ofensa, ponga perdón; que donde hay discordia, ponga unión; que donde haya error, ponga verdad; que donde hay duda, ponga fe; donde hay desesperación, ponga esperanza; donde hay tinieblas, ponga luz; que donde hay tristeza, ponga alegría".

¡Toma conciencia de que Dios te llama a ser "mensajero e instrumento de paz", y que solamente puedes ser mensajero de paz si tu corazón está pacificado!

58.-Educación de los hijos

Un proverbio chino dice así: "Castigando salen los hijos buenos; con mimos y lujos se crían los hijos rebeldes.

Probablemente tenga razón: hemos pasado de una educación rígida y autoritaria, basado fundamentalmente "en los golpes y castigos", a una educación permisiva y condescendiente, donde el propio castigo se ve con malos ojos, especialmente el castigo físico.

La Dirección General de la Policía de Seattle (Washington) editó un decálogo bajo el título sugerente "¿Quiere hacer de su hijo un delincuente? Uno de los artículos decía: "Nunca le digáis: esto está mal. Podría adquirir complejos de culpabilidad, y más tarde, cuando, por ejemplo, sea detenido por algún robo, estará convencido de que la sociedad es quien le persigue".

Descubre que es necesario buscar un equilibrio entre el respeto a los hijos y la exigencia inquebrantable de ayudarles a vivir en unos valores necesarios para crecer como personas.

59.-Un mensaje para los jóvenes

El Concilio Vaticano II lanzó un mensaje a los jóvenes lleno de vitalidad que aún conserva su actualidad. Un mensaje que resuena en el corazón de millones de creyentes: "Finalmente, es a vosotros, jóvenes de uno y otro sexo del mundo entero, a quienes el Concilio quiere dirigir su último mensaje. Porque sois vosotros los que vais a recibir la antorcha de manos de vuestros mayores y a vivir en el mundo en el momento de las más gigantescas transformaciones de su historia. Sois vosotros los que, recogiendo lo mejor del ejemplo y de las enseñanzas de vuestros padres y de vuestros maestros vais a formar la sociedad de mañana; os salvaréis o pereceréis con ella…. En el nombre de este Dios y de su hijo, Jesús, os exhortamos a ensanchar vuestros corazones a las dimensiones del mundo, a escuchar la llamada de vuestros hermanos y a poner ardorosamente a su servicio vuestras energías. Luchad contra todo egoísmo. Negaos a dar libre curso a los instintos de violencia y de odio, que engendran las guerras y su cortejo de males. Sed generosos, puros, respetuosos, sinceros. Y edificad con entusiasmo un mundo mejor que el de vuestros mayores…"

¡Qué razón tenían los Padres Conciliares para lanzar este maravilloso mensaje a los jóvenes!

60.-No seas un evasivo

No seas un evasivo ni huyas de tus problemas. No seas como el avestruz que esconde la cabeza.

No mires para otro lado de los problemas y de aquello que te inquieta y te preocupa, sino afróntalo con gallardía y con valentía.

No busques otras alternativas tan evasivas como el olvido de tu problema, que a la larga te traerán más problemas. Si tienes un problema, afróntalo y busca soluciones sanadoras.

61.-La vida es el mayor don

Madre Teresa de Calcuta, Premio Nobel de la Paz, tenía claro que la vida es el mayor don y decía cosas como estas: "La vida es una oportunidad, aprovéchala. La vida es un sueño, hazlo realidad. La vida es amor, gózala. La vida es tristeza, supérala. La vida es un combate, acéptalo. La vida es una aventura, arrástrala. La vida es felicidad, merécela. La vida es la vida, defiéndela".

Siente que el mejor don que Dios te ha regalado es tu vida y de ella tienes que hacer tu mejor consigna y la mejor ofrenda. Oye en interior con la mejor melodía: "¡Hoy puede ser un gran día!".

62.-El artículo 25 de los derechos humanos

El artículo 25 de la Declaración Universal de los Derechos Humanos dice así: "Toda persona tiene derecho a un nivel de vida adecuado que le asegure, así como a su familia, la salud y el bienestar, y en especial la alimentación, el vestido, la vivienda, la asistencia médica y los servicios sociales necesarios; tiene asimismo derecho a seguros en caso de desempleo, enfermedad, invalidez, viudedad u otros casos de pérdida de sus medios de subsistencia por circunstancias independientes a su voluntad".

Este artículo debería ser recordado en los despachos de los gobernantes y susurrado en el corazón de cada persona.

63.-Teresa de Lisieux

El teólogo de la Universidad de Lovaina, Conrad de Meestar, afirmaba que la verdadera aportación de Teresa de Lisieux fue regresar al corazón el evangelio.

Teresa habla de un Dios enamorado del hombre, que nos busca y nos acepta como somos, con nuestras virtudes y nuestros defectos, nuestros límites y nuestros dones.

Medita y profundiza en la verdadera vocación cristiana y tu grandeza como ser humano por ser hijo de Dios.

64.-No seas nostálgico

No seas nostálgico del pasado, pensando que "cualquier tiempo pasado fue mejor". No afirmes que "más vale lo malo conocido que lo bueno por conocer", encerrándote a lo que conoces como lo mejor que te ha podido suceder.

La vida nos demuestra que cada situación engendra su propia preocupación y muchas experiencias nuevas pueden tener la llave para nuestra realización humana y pueden ser encuentros maravillosos con el "Dios siempre sorprendente", que se manifiesta en el momento presente y en las personas que te rodean.

65.-Llamada a la coherencia

La llamada a la coherencia entre el pensamiento y la acción es un reclamo vital de primera magnitud en la vida de cada ser humano.

Sin esta coherencia el universo personal y armónico de nuestra personalidad se desintegra y la confusión que nos crea puede llevarnos a un pragmatismo sin principios y a la instalación de lo presente como lo único existente y verdadero.

¡Qué gran verdad sapiencial posee esta sentencia: "Si no vives como piensas, acabarás pensando como vives"!

66.-Jesucristo, el Camino

Jesús de Nazaret dijo: "Yo soy el camino, la verdad y la vida. Nadie va al Padre sino por mí" (Jn 14,6).

En medio de tantas decepciones y gritos estridentes, brota una voz suave y fuerte que proclama con rotundidad su "autoridad" como mediación única entre Dios y los hombres.

Jesucristo es el compañero y amigo permanente en la vida de las personas, sobre todo cuando el camino se presenta fatigado y la cruz pesada.

Únete existencialmente a Él y encontrarás descanso en tu alma.

67.-Las relaciones sexuales

Las relaciones sexuales deben estar unidas a la relación personal plena entre la pareja y en el marco de la apertura al otro en todas las dimensiones.

Erich Fromm decía con una clarividencia digna de crédito: "si el deseo de unión física no está estimulado por el amor, si el amor erótico no es a la vez fraterno, jamás conduce a la unión salvo en un sentido orgiástico y transitorio. La atracción sexual crea, por el momento, la ilusión de la unión, pero sin amor, tal unión deja a los desconocidos tan separados como antes..."

Sin esta apertura, y en el marco de una relación personal plena, puede hablarse de brutalidad, y en muchos casos se puede catalogar de "agresión sexual", e incluso de insatisfacción existencial.

68.-Los padres educadores

El Papa Juan Pablo II afirmaba en la carta a las familias del año 1994: "Los padres son los primeros educadores de sus propios hijos, y en este campo tienen una competencia fundamental: son educadores por ser padres. Ellos comparten su misión educativa con otras personas e instituciones, como la Iglesia y el Estado".

Qué maravilloso don es la educación de los hijos y qué tarea más difícil y comprometida!

Educar es sembrar en el educando valores de eternidad y de responsabilidad, de honradez y de búsqueda de la verdad, y en medio de tantas cosas secundarias entresacar lo esencial.

69.-Una sonrisa

La sonrisa es la puerta del alma y la santidad del corazón. Una sonrisa disipa las rencillas y favorece la comunicación.

Sin sonrisa el mundo agoniza en lo oscuro, aunque nos autoengañemos rodeándonos de cosas y dinero.

Con una sonrisa el espíritu "ve con los ojos interiores" y nos hace alcanzar la grandeza de la felicidad.

Pon el mundo en tus labios y regala una sonrisa al que te cruces en tu camino.

70.-Bajo la acción del Espíritu

San Pablo de Tarso nos invita a vivir bajo la acción del Espíritu Santo. El Espíritu lo penetra todo y lo invade todo.

La vida necesita "el discernimiento del espíritu" para poder encontrar en medio del caos la luz.

Bien decía San Pablo que la verdadera vida radica en dar frutos del espíritu: "caridad, alegría y paz, generosidad, comprensión de los demás, bondad y confianza, mansedumbre y dominio de sí" (Gal 5,22-23).

71.-Dimensión corporal

En la cultura actual existen tendencias que sobrevaloran la dimensión corporal del hombre y de la mujer.

Aunque en la moral cristiana han existido épocas donde ha reinado una visión negativa del cuerpo contraponiéndolo al espíritu, influencia del platonismo, podemos afirmar sin pudor que la existencia personal es una "existencia corporal" y que "no tenemos cuerpo sino que somos cuerpo".

Descubre que somos un don de Dios y somos "templo del Espíritu Santo", un santuario de Dios que merece toda dignidad y respeto.

72.-Los medios de comunicación

Los medios de comunicación social han creado una cultura y una forma de relacionarse, donde lo que prevalece es la imagen y el sonido.

En esta situación, tenemos el riesgo de perder la sensibilidad social y nuestra capacidad de reflexión.

Siente que es necesario descubrir a Dios en medio de tanto ruido y tantas imágenes, valorando lo íntimo y provocando desde el corazón la actitud de asombro ante todo lo que nos rodea.

72.-La soledad y la insolidaridad

Necesitamos tomar conciencia para no caer en dos peligros: la soledad y la incomunicación.

La soledad nos lleva a sentirnos solos y abandonados en este mundo tan bullicioso en apariencia.

La insolidaridad nos lleva a ser insensibles a los que sufren y nos rodean como si fueran "leprosos y despreciables".

Sólo unidos a Cristo podemos salir de estos peligros que nos amenazan en todo momento y los cuales intensifican la vida por un camino hacia la no felicidad.

74.-La constancia

Lo verdaderamente formativo en la vida no es proponerse muchos objetivos y metas a corto y largo plazo, sino en poner en práctica objetivos realistas desde los criterios de constancia y paciencia.

La constancia es el mayor de los tesoros de un ser humano, que lleva al que lo posee a no caer en las contrariedades y a superar las dificultades.

La constancia, unida a la paciencia, es invencible. Ya lo decía Santa Teresa de Jesús: "La paciencia todo lo alcanza".

75.-La Juventud

El Concilio Vaticano II afirma que "el encanto de la juventud es la facultad de alegrarse con lo que empieza, de darse sin recompensa, de renovarse y de partir de nuevo para nuevas conquistas".

Aquí radica la belleza y el entusiasmo de los jóvenes, verdadera esperanza para la sociedad y para la Iglesia.

Jesucristo es el compañero y el amigo de los jóvenes, el Señor de la vida humana, que nos llama continuamente a la generosidad y a renovarnos en claves de conversión y misericordia.

76.-"Mística del sufrimiento"

Johan Baptist Meztz sugiere una "mística del sufrimiento junto a Dios", es decir, "orar haciendo preguntas, brotadas de la angustia y quedarse a la expectativa, como Job o como Jesús en la cruz, ante el silencio de Dios".

Es necesario en nuestra vida cristiana integrar las preguntas existenciales y los interrogantes más profundos ante el sufrimiento de los seres humanos con una fe viva que remita toda nuestra vida a Dios.   Muchos
hombres y mujeres se preguntan angustiados, y su oración es una queja del "aparente silencio de Dios", aunque bien sabemos que Dios se manifiesta misteriosamente en el corazón del que lanza esa queja.

77.-Ruptura cultura-evangelio

El drama de nuestros días es la ruptura entre el evangelio y la cultura, es decir, la separación o radical entre el campo de la razón y el campo de la fe, entre el mundo de la religión y el mundo de la cultura.

Decía Pablo VI en la exhortación apostólica "Evangelli Nuntiandi" que "la ruptura entre Evangelio y cultura es sin duda alguna el drama de nuestro tiempo, como lo fue también en otras épocas. De ahí que hay que hacer todos los esfuerzos con vistas a una generosa evangelización de la cultura, o más exactamente de las culturas. Estas deben ser regeneradas por el encuentro con la Buena Nueva. Pero este encuentro no se llevará a cabo si la Buena Nueva no es proclamada" (EN 20)

Si nosotros somos capaces de vivir en coherencia e integrando todas las dimensiones de nuestra existencia alcanzaremos la llama de la plenitud y la integración del evangelio en nuestra vida social, laboral, cultural y económica.

78.-"Ni por todo el oro del mundo"

Cuentan que una actriz famosa visitaba una enfermería de enfermos crónicos y terminales.

Allí vio a una religiosa que curaba con gran ternura y amor a un soldado que tenía gangrena en su pierna y los dolores eran espantosos.

La actriz, al ver aquella escena, exclamó: "¡Yo no haría eso ni por todo el oro del mundo!".

En ese momento, la religiosa exclamó: "¡Yo tampoco! Lo hago por Cristo, que dijo: "Os aseguro que cada vez que lo hicisteis con uno de estos mis humildes hermanos, conmigo lo hicisteis" (Mt 25, 40)

79.-"Me gustaría rezar"

Pilar Miró fue una gran directora del cine español. Y dijo en una ocasión: "Jamás rezo. Me dan mucha envidia los creyentes. Quizá mi manera de rezar es…pensar que me gustaría rezar".

Ella reconoció su "envidia" de querer rezar y no poder, de no sentir como evasión el perfume que llena el espíritu humano del sabor eterno y lo traslada al corazón mismo de Dios, que da sentido global a la vida del ser humano, y relativiza el apego a esta tierra tan pasajera y "madrastra".

En esta mañana escribe en las paredes de tu corazón con tus palabras interiores: "Señor, ayúdame a rezar y aumentar mi fe en Ti".

80.-Tú eres Iglesia

Tú eres Iglesia. Tú eres miembro vivo del Pueblo Santo de Dios, de la Iglesia peregrina que camina hacia la Casa del Padre.

Tú eres piedra viva que debe construir un "edificio espiritual" sustentando por Jesucristo, bajo la guía del Espíritu Santo, encaminado hacia el Padre.

"Somos linaje escogido, sacerdocio real, nación santa, pueblo adquirido para anunciar las alabanzas" (1 Pe 2,5-10).

Redescubre tu pertenencia a la Iglesia de Cristo, basado en el testimonio de los Apóstoles.

81.-Destruir la Iglesia

Cuentan que Napoleón Bonaparte, conquistador de media Europa y hombre beligerante, dijo a un Cardenal de la Iglesia Católica: "si yo quisiera, destruiría a la Iglesia en sólo seis meses".

El Cardenal respondió con mucha serenidad: "Eso es imposible. Los cristianos con nuestro pésimo testimonio lo hemos intentado en muchos siglos y no lo hemos conseguido".

Siente de verdad que la presencia espiritual de Cristo permanecerá en la Iglesia para siempre, aunque la vida de cada uno de nosotros deje mucho que desear.

82.-Llamados a entendernos

En nuestras relaciones humanas la compenetración y la sintonía son elementos necesarios para la realización personal y para la convivencia.

Algunos afirman que no puede haber entendimiento entre aquellos que no piensan de la misma manera. Comentan: "Esto es imposible. Es un diálogo de sordos".

Sin embargo, para otros, consideran que es preciso superar las diferencias, llegando a conseguir un nivel suficiente y de "consenso" para la sintonía y la comprensión.

Bueno sería recordar unas palabras del Papa Juan XXIII, impulsor del Vaticano II, acerca del diálogo con las Iglesias no católicas: "es mucho más importante lo que nos une que lo que nos separa".

83.-La dimensión moral del ser humano

El ser humano es un ser libre que debe desarrollar su dimensión moral.

Realizar esta dimensión significa responder a una pregunta que se impone a la propia conciencia: "¿Qué debo hacer?"

La conciencia es el "sagrario del hombre" donde se deciden las grandes batallas y se juzga la bondad o la maldad de una acción y de un pensamiento.

Bien sabemos que la conciencia es la norma subjetiva y primera de la moral, pero que debe estar siempre abierta a los valores morales, auténticos faros en medio de la noche.

¡No pierdas la orientación moral y camina por la senda recta del bien!

84.-Espacios de comunicación

Mientras los medios de comunicación social han hecho de este planeta "una aldea global" (McLugan), donde las noticias y la información más variada llegan a tu casa sin mover nada más que un mando a distancia, se habla de crisis de diálogo entre los miembros de la familia, y aquellos que comparten gran parte de su tiempo se sienten como auténticos extraños y desconocidos.

Necesitamos encontrar espacios de diálogo y comprensión entre los que tenemos a nuestro alrededor, sin caer en las "redes" de la incomunicación y la soledad.

85.-Mensajero de la paz

Jesús de Nazaret expresa la importancia de ser mensajeros de la paz en las Bienaventuranzas del Sermón de la montaña: "Dichosos los que trabajan por la paz, porque ellos se llamarán los hijos de Dios" (Mt 5,9).

La paz es una dicha que condensa el deseo de todo hombre y todo grupo humano para alcanzar el bienestar integral.

La paz no es solamente ausencia de guerra, sino que debe cimentarse en la justicia y en la solidaridad.

Desea a todo el que te encuentres la paz y hazte mensajero de la paz en tu ambiente siempre.

86.-Discernimiento de espíritu

San Pablo escribía unas recomendaciones sapienciales impresionantes en la Primera Carta que dirige a los cristianos de Tesalónica, que pueden ser orientaciones en nuestras relaciones humanas: "reprended a los holgazanes, animad a los apocados, sostened a los débiles, tened paciencia, esmeraos en hacer el bien.

Estad siempre alegres, orad sin cesar… examinadlo todo y quedaos con lo bueno. Huid del mal dondequiera que lo encontréis (Tes 5,14-21).

87.-Vida con oración

En medio del sufrimiento y del dolor debe brotar la oración de confianza, e incluso de queja, pero nunca el vacío desgarrador que provoca la destrucción existencial y el balanceo vertiginoso a la nada.

Muchos hombres y mujeres han vivido sin esperanza y en medio de grandes sufrimientos, pero sin saber de qué manera Dios se la manifestado como el bálsamo y el consuelo.

Siente hoy la llamada a la oración y el convencimiento de la presencia eterna de Alguien que te ama más allá de lo aparente, aún en los momentos más difíciles.

88.-Altos vuelos

Jesús de Nazaret decía a sus oyentes en el Sermón de la Montaña: "vosotros sed perfectos como es perfecto vuestro Padre celestial" (Mt 5,48).

Frente a tantas mediocridades y modelos bajos vuelos, identificaciones y miradas cortas que nos hacen encerrarnos en nuestro propio egoísmo, Jesús nos llama a la perfección máxima, a desarrollar todas nuestras capacidades y talentos.

Superarnos y desarrollar todos los dones que se nos han concedido es la "mejor de las batallas" y la aspiración de cada ser humano abierto a la vida y a la grandeza de Dios.

89.-Reglas de la convivencia

Vive hoy las reglas de la convivencia y serás una bendición: "Trata a los demás como quieres que te traten a ti, procura escuchar atentamente, no discutas e intenta sonreír, cuida la puntualidad y, sobre todo, pon muchas dosis de comprensión y misericordia".

Te aseguro que hoy habrá más alegría y más unión a tu alrededor si haces tuyas estas reglas de la convivencia.

90.-Una oportunidad

En una pared abandonada, cerca de un cementerio, alguien escribió: "las lágrimas más amargas que se vierten sobre las tumbas tienen su origen en palabras que no se dijeron y en acciones que jamás se emprendieron".

No olvides que hoy es una oportunidad que Dios te presenta para hacer el bien y que la omisión es uno de los males mayores que tu conciencia deberá soportar al paso de los años.

Descubre que una palabra oportuna, una sonrisa a tiempo, una rectificación fraterna y una vida cimentada en la justicia y la verdad, son los mayores dones para una vida satisfecha y la mejor ofrenda al Padre eterno.

91.-Ser místico

Karl Rahner decía que el cristiano será un místico o no será cristiano.

Ya sabemos que la mística supone una relación personal de amistad entre el creyente y Dios. Un camino de oración o sacrificio, encuentro y relación para conseguir la unión profunda con Cristo.

Un encuentro de amistad que nos lleva a comprometernos con los que nos rodean y con la tarea de construir un mundo en sintonía con el proyecto liberador de Dios.

92.-Llorar con el que llora

Khalil Gibran decía con la sensibilidad del poeta y la grandeza del sabio: "Podemos olvidar fácilmente a aquellos con los que nos hemos reído, pero nunca podremos olvidar a aquellos con los que hemos llorado".

¡Bien sabía Gibran que el dolor une a las personas y la amistad sellada con lágrimas en la vida cotidiana jamás sucumbe!

Resuena en este momento aquella exhortación de San Pablo: "Bendecid a los que os persiguen, no maldigáis. Alegraos con los que se alegran; llorar con los que lloran" (Rom 12, 14-15).

93.-Vivir el presente

Jesús de Nazaret nos invita a vivir el presente como manifestación y presencia de Dios en la vida de cada uno de nosotros.

Él decía con insistencia: "Buscad primero el Reino de Dios y su justicia, y todo se os dará por añadidura. No os agobiéis por el mañana, porque el mañana traerá su propio agobio. A cada día le bastan sus disgustos" (Mt 6,33-34)

La mayoría de las veces no vivimos el presente como una oportunidad para hacer el bien y para conseguir nuestra propia realización personal.

La mayor parte de las veces suspiramos por un futuro incierto y proyectamos todos nuestros deseos hacia ese mañana, que se nos manifiesta nublado, dejando que el presente pierda su resplandor.

94.-La oración

Un cuento hasídico dice así: "Un pobre campesino, que regresaba del mercado a altas horas de la noche, descubrió de pronto que no llevaba su libro de oraciones. Se hallaba en medio del bosque y estaba afligido pensando que aquel día no iba a recitar sus oraciones.

Entonces rezó de esta manera: "Señor, he salido de casa esta mañana sin mi libro de oraciones, y tengo tan poca memoria que no soy capaz de recitar sin él una sola oración. De manera que voy a hacer una cosa: voy a recitar cinco veces el alfabeto muy despacio, y tú, que conoces todas las oraciones, pueden juntar la letras y formar esas oraciones que soy incapaz de recordar".

Y el Señor dijo a sus ángeles" "De todas las oraciones que he escuchado hoy, ésta ha sido, sin duda, la mejor, porque ha brotado de un corazón sencillo y sincero".

95.-En paz consigo mismo

El filósofo Bertrand Russell comentaba: "es imposible que un hombre pueda estar en paz con los demás, mientras no haya aprendido a estar en paz consigo mismo".

La paz interior es la mayor conquista del ser humano que no siempre se consigue sin tesón y perseverancia. ¡Si, es en el corazón del hombre donde se generan las más grandes batallas!

Si el ser humano no encuentra la paz consigo mismo y tiembla en lo más recóndito de su yo, el mundo y la sociedad caminan hacia la desesperación, la destrucción y el caos.

96.-El rostro del alma

Cicerón decía que "el rostro es el espejo del alma, y los ojos son sus delatores".

El rostro transmite la riqueza o la pobreza interior del individuo, al tiempo que proyecta hacia fuera las tristeza y las alegrías invisibles del corazón.

Sólo cuando somos capaces de mirar a nuestro prójimo con los ojos de la compasión, se genera un caudal de sintonía que nos puede hacer salir de nuestro egoísmo y nos lanza hacia la fraternidad, la unión y el compañerismo.

97.-Las dificultades

Cuando la vida nos vive, entonces surge el vacío y la depresión paraliza nuestras fuerzas.

Cuando vivimos la vida, aunque sea problemática y dificultosa, entonces se genera la alegría, y hasta los pequeños detalles alcanzan valor, e incluso los problemas se afrontan con optimismo.

Bien decía Isaac Asimov: "la filosofía de mi vida siempre ha sido que las dificultades se esfuman cuando se les hace frente con valentía".

98.-Las obras materiales de misericordia

Medita y cumple las principales obras de misericordia que atienden al prójimo en sus necesidades materiales y harás sonreír a Dios: visitar y cuidar a los enfermos, dar de comer al hambriento, dar de beber al sediento, atender al que no tiene hogar, procurar ropa a los más necesitados, ayudar a los encarcelados y exiliados, y acompañar a quienes sufren la muerte de un ser querido.

99.-La familia cristiana

Juan Pablo II en Familiaris consortio afirmaba que la familia cristiana es comunidad creyente y evangelizadora, comunidad en diálogo con Dios y comunidad al servicio de la persona" (Familiaris consortio, 50).

¡Qué gran don es la familia y qué gran verdad nos transmitía el Papa Juan Pablo II al decir que siempre es una comunidad al servicio de la persona!

Sólo cuidando a la familia podrá avanzar esta sociedad hacia la plenitud y hacia mayores cotas de calidad de vida; sólo cimentando sus relaciones en Dios la familia cristiana podrá ser una bendición para el resto del mundo.

Siente que la familia cristiana es una comunidad en diálogo con Dios y al servicio de la persona.

100.-La vocación seglar

En la Constitución Lumen Gentium del Vaticano II se dice que "a los laicos corresponde, por propia vocación, tratar de obtener el Reino de Dios gestionando los asuntos temporales y ordenándoles según Dios" (L. G. 31).

Cada ocupación y trabajos, tareas y deberes del seglar deberían estar impregnados de este impulso para ordenar este mundo según Dios.

¡Tú, seglar de cualquier condición y cultura, siente que estás llamado a construir un mundo y una sociedad más acorde con los designios de Dios y con el Evangelio!

101.-La superstición

Vivimos en un tiempo que las actitudes supersticiosas afloran por doquier.

La superstición es una actitud que conduce a sustituir la confianza en Dios por el deseo de utilizar poderes, objetos, hechos y acontecimientos atribuyéndoles una fuerza y un poder que no poseen.

No olvides que hoy puedes utilizar tu libertad para hacer el bien y no te aferres a ninguna superstición como solución a los interrogantes y problemas de la vida, de tus miedos y desesperanzas.

102.-Lo que hay que aprender

Gandhi decía que "a los niños antes de enseñarles a leer, hay que enseñarles a aprender lo que es el amor y la verdad".

Desde este planteamiento, ¿no habría que replantear todos nuestros sistemas educativos y todas nuestras orientaciones de enseñanza?, ¿acaso nuestro sistema de enseñanza no está cargado de contenidos y le falta un buen ramillete de valores, sobre todo del respeto y del amor?, ¿no está llena nuestra educación de apariencias y mentiras, ajena al verdadero espíritu de la sabiduría, la búsqueda de la verdad?

103.-Vuélvete hacia Dios

San Agustín de Hipona en el libro "Confesiones" decía: "¡Tarde te amé, Hermosura tan antigua y tan nueva, tarde te amé! Y Tú estabas dentro de mí y afuera, y así por fuera te buscaba… Tú estabas conmigo, más yo no estaba contigo".

Dios ha encendido en nuestro corazón la llama de la búsqueda que sólo la melodía de la oración alcanza en su justa medida y el amor sintoniza su onda.

¡En este día, por favor, vuélvete hacia Dios!

104.-El chisme

Dios nos libre de los chismes y de los falsos comentarios que se prodigan tanto en nuestras relaciones cotidianas.

En el chisme se condensan palabras que nunca se han dicho, declaraciones que nunca se han realizado y acciones que jamás se emprendieron, pero que corren de boca en boca como la arena en el desierto.

El chisme genera desconcierto y va unido esencialmente a la mentira, esa tela de araña que nos atrapa sin darnos cuenta. Y lo más grave, la mayor parte de las veces el chisme alienta un atentado sin fundamento hacia la imagen y el honor del otro.

105.-Llamados para el amor

Todos nosotros estamos llamados al amor. El ser humano está llamado a dar y recibir amor. Es más, la mayor de las satisfacciones consiste en sentirse amado por alguien.

Joh Powell, jesuita, decía que el amor hace, al menos, tres cosas: Primero, el amor estima y afirma el valor incondicional y único de la persona amada; segundo, el amor reconoce e intenta satisfacer las necesidades de la persona amada; y, tercero, el amor perdona y olvida los fallos de la persona amada.

Esfuérzate por amar intensamente a los que te rodean y que tú sólo encontrarás el reposo de tu corazón cuando descubras que has sido creado para el amor.

106.-La fuerza del cristiano

La fuerza del cristiano debe ser el testimonio y la coherencia que da el Evangelio. Nuestras armas no deben ser la prepotencia ni el orgullo, sino la sencillez, la pobreza del espíritu y el estar abiertos siempre al Espíritu de Jesús.

Cuando eres capaz de potenciar en tu vida la alegría, el entusiasmo y el amor, entonces ten por seguro que ha brotado en tu corazón la llama encendida de la fe en Dios.

107.-El conocimiento

Diadoro de Foticé afirmaba: "el auténtico conocimiento consiste en discernir sin error el bien del mal, cuando esto se logra, entonces el camino de la justicia, que conduce al alma hacia Dios, sol de justicia, introduce a aquella alma en la luz infinita del conocimiento, de modo que, en adelante, va ya segura en pos de la caridad".

¡Qué bien sabía Diadoro que no todo en la vida está cargado de bondad y que el mayor conocimiento es cribar el bien del mal, no sólo en lo exterior sino en el interior del hombre, donde se debaten las más grandes luchas!

108.-Entraña humanista del Cristianismo

Gómez Caffarena, en su libro "La entraña humanista del Cristianismo", dice: "lo que es innegable es que el Cristianismo tiene rasgos típicamente humanistas. Más aún, que en la historia de las religiones viene a constituir la religión humanista por excelencia, aquella que más eleva lo humanista a rango religión".

¡Qué bien sabía Gómez Caffarena de la andadura cristiana a favor de la dignidad del ser humano!

Saca una buena enseñanza: Reposa en el amor de Dios para que puedas entrar en el corazón del hombre.

109.-La mirada fraterna

Cuando en el ser humano descubrimos a nuestro prójimo, entonces comienzan a clarearse las sombras y hasta las acciones más escandalosas nos hacen vislumbrar una mezcla de bondad.

En el fondo, la mirada fraterna hace ver en el ser humano la huella del Eterno y la sonrisa de la vida, al tiempo que nos lleva a contemplar al otro con la mirada de la compasión y la misericordia.

Descubre que detrás de cada acción y de cada manifestación humana siempre hay un hombre o una mujer queridos por el Señor y deseosos de cariño.

110.-El trabajo

Un proverbio chino dice así: "el perro, cuando está en la perrera, ladra a las pulgas. Cuando está cazando no las siente".

A fuerza de mayores problemas, los "granitos de arena" se convierten en "auténticas montañas".

El trabajo realiza al ser humano y nos hace no ahogarnos en un vaso de agua, sabiendo que el paro y una vida "sin hacer nada" son grandes obstáculos en una sociedad.

111.-Acuérdate de Jesucristo

Deiss compuso una magnífica canción: "Acuérdate de Jesucristo, resucitado de entre los muertos. Él es nuestra salvación, nuestra gloria para siempre. En Él toda gracia, en Él toda paz. En Él nuestra gloria, en Él la salvación…"

En Jesucristo sabemos que se nos ha dado toda la manifestación de Dios a los hombres, y es el mayor don de Dios para el mundo.

Siente la llamada de Jesucristo a seguirle como discípulo y recupera la paz en su presencia espiritual, que nos acompaña siempre.

112.-Las palabras

Todos sabemos que en las comunicaciones y las relaciones humanas la palabra ocupa un lugar prioritario, si no es exclusivo.

Lo importante es saber decir las palabras, descubrir qué palabras hay que transmitir y en qué momento hay que decirlas.

No siempre decimos lo que conviene ni en el momento oportuno, si queremos que las palabras sean más que "añicos sentimentales y basura intelectual".

Alguien escribió: "si no estás dispuesto a asentar por escrito y firmarlo, no lo digas". Descubre que muchas palabras sobran en nuestras conversaciones y en nuestras relaciones humanas.

113.-El rostro de la Iglesia

Y. Congar decía: "¿Por qué, Dios mío, la Iglesia, que es santa y única, santa y verdadera, tiene a menudo un rostro austero y ceñido, cuando en realidad está colmada de juventud y de vida?".

¡Tenía razón Congar! En muchas ocasiones, la Iglesia como Pueblo Santo de Dios vive desorientada, sin fundamentar bien su andadura en Dios, el "eternamente jovial y lleno de vida".

¡Cuántas veces nos hemos desesperanzado y no hemos alcanzado el don de la alegría, que brota de tener la confianza y la certeza de la presencia salvadora y redentora del Dios con nosotros!

114.-La mansedumbre

Un hombre comenzó a insultar a San Francisco de Sales por haberle negado un favor que no podía concederle.

Un testigo de la escena preguntó después a San Francisco de Sales: "¿Por qué no respondiste a ese desvergonzado? ¿No has sentido dentro de ti la ira?

El Santo contestó: "Claro que sí. Y no sólo en este caso, sino que en otros muchos siento hervir la cólera como hierve el agua puesta al fuego. Pero, con la ayuda de Dios, antes moriré que faltar a la resolución que tengo tomada de practicar en todo momento la virtud de la dulzura. No he querido derramar en un momento el precioso caudal de mansedumbre que hace muchos años vengo recogiendo en el vaso de mi corazón".

115.-Amigos sin defectos

Amar al otro no es tarea sencilla. Amarle con sus aciertos y sus defectos, grandezas y limitaciones es un reto que no siempre conseguimos.

Gabriel Marcel afirmaba que la esencia del amor son la presencia y la accesibilidad. Salir de ti mismo, dejando tus intereses egoístas e ir hacia el otro dispuesto a escuchar y a interesarse por él.

No olvides que quien busca un amigo sin defectos, se queda sin amigos.

116.-El esfuerzo

T. Roosvelt sentenciaba: "Es duro caer, pero es peor todavía no haber intentado nunca subir".

La vida está llena de dificultades, pero sólo aprenderemos a caminar emprendiendo la ruta.

A veces, la vida nos presenta cantidad de sinsabores. Y, la mayor parte de las veces, nos hacemos fuertes a base de golpes.

Pero sólo podemos sentenciar que hemos vivido si nos lanzamos a la existencia con la misma fuerza que buscamos el tesoro más preciado, aunque conlleve caídas y sin sabores que nos debilitan en ese momento.

117.- ¿Cuál es tu ideal?

Un ideal es un conjunto de ideas, aspiraciones y referencias que centran tu vida, deciden tu voluntad y la impulsa hacia la misma realidad.

El ideal nos libera, nos hace levantarnos de las caídas, nos alienta en el camino tortuoso, nos lleva hacia una dirección auténtica, nos hace renunciar a cosas pero con alegría e ilusión.

El ideal impregna todo lo que hacemos, al tiempo que unifica nuestra inteligencia, voluntad, sentimientos y libertad.

¿Cuál es el ideal de tu vida? ¿Qué meta sostiene tu existencia?

118.-Relaciones con misericordia

Jesús de Nazaret descubrió que no siempre nos relacionamos con los demás en claves de justicia y compasión. En ocasiones, los seres humanos nos excedemos en nuestros comentarios y juicios temerarios hacia los demás.

Él se dirigía a sus seguidores y les decía algo que debería estar en nuestra mente, en nuestros labios y en nuestro corazón: "Todo lo que querríais que hicieran los demás por vosotros, hacedlo vosotros por ellos, porque eso significan la Ley y los profetas" (Mt 7,12).

119.-Unas palabras de fuego

El poeta Goytisolo compuso un poema hermoso para su hija Julia recién nacida, y Paco Ibáñez compuso una magnífica canción, verdadero himno para los inquietos jóvenes de los 70.

Reflexiona estas palabras mágicas, que encienden de fuerza y de entusiasmo nuestro espíritu humano: "Tú no puedes volver atrás, porque la vida ya te empuja, como un aullido interminable. Te sentirás acorralada, te sentirás perdida o sola, tal vez querrás no haber nacido... La vida es bella; ya verás, como a pesar de los pesares, tendrás amigos, tendrás amor, tendrás amigos... Nunca te entregues, ni te apartes junto al camino, nunca digas: "no puedo más y aquí me quedo". Otros esperan que resistas, que les ayude tu alegría, que les ayude tu canción, entre tus canciones. No sé decirte nada más, pero tú debes comprender, que aún estoy en el camino.

120.-El esfuerzo de una conquista

Marilyn Monroe (1926-1962), una de las actrices más famosas de todos los tiempos, el mito más grande creado por el cine, dijo en una entrevista dos años antes de su muerte: "Me gustaría mucho ser una buena actriz, una actriz de verdad. Y también me gustaría ser feliz, pero ¿quién lo es? Creo que intentar ser feliz es casi tan complicado como intentar ser una buena actriz. Ambas cosas cuestan trabajo".

¡Bien sabía que ser feliz es un don que necesita ser trabajado cada día!

¡Bien intuía que ser feliz era más complicado que salir en las revistas, ser la actriz más famosa de su tiempo, asistir a las múltiples fiestas que reclamaban su asistencia, y ser la mujer más deseada por el erotismo que desprendía!

121.-Una oración de Santo Tomás Moro

Reza esta oración de Santo Tomás Moro: "Señor, dame una buena digestión y, naturalmente, algo que digerir. Dame la salud del cuerpo y el buen humor necesario para mantenerla. Dame un alma sana, Señor, que tenga siempre ante los ojos lo que es bueno y puro de modo que, ante el pecado, no me escandalice, sino que sepa encontrar el modo de remediarlo. Dame un alma que no conozca el aburrimiento, los ronroneos, los suspiros ni los lamentos. Y no permitas que tome demasiado en serio esa cosa entrometida que se llama el "yo". Dame el saber reírme de un chiste para que sepa sacar un poco de alegría a la vida y pueda compartirla con los demás".

122.-La acción del Espíritu Santo

Ábrete a la acción del Espíritu y serás una bendición para la humanidad. Llénate de su presencia y darás frutos que verdaderamente permanezcan.

San Pablo de Tarso decía que los frutos que el Espíritu concede a los que realmente viven en Él son: "el amor, la alegría, la paz, la paciencia, la afabilidad, la bondad, la fidelidad, la mansedumbre, el dominio de sí" (Gal 5,22-23).

123.-Examen de conciencia

En tu examen de conciencia no basta pensar en aquello que dijiste o hiciste en tu vida. Conviene repasar aquello que jamás realizaste o de aquellas palabras que tuvisteis que decir y nunca pronunciaste...En definitiva, "de pensamiento, palabra, obra y omisión".

Si tienes unos minutos, párate, dirige tu mente y tu corazón a Dios y haz que broten de tus labios estas palabras: "¡Perdón, Señor, por mi comodidad y mis miedos, mi egoísmo y mi soberbia, que me han impedido decir las palabras oportunas y hacer las obras que hacen transformar este mundo para acercarlo a la luz! Ayúdame mañana, Señor, a emprender un camino nuevo".

124.-"Los santos de a pie"

Una amiga contó su maravillosa experiencia: "Mi padre fue asesinado en la guerra cuando yo era pequeña. Quedamos desolados y tristes. Sin embargo, mi madre me enseñó a perdonar a los verdugos y asesinos de mi padre…Todas las noches rezábamos por sus asesinos, y le pedíamos a Dios que no llenara nuestros corazones de odio, ira y violencia.

Cuando he crecido, he descubierto la grandeza de mi madre, que supo vivir y enseñar a sus hijos a vivir la máxima evangélica: "Amad a vuestros enemigos y rezad por vuestros perseguidores; así seréis hijos de vuestro Padre que está en los cielos, que hace salir el sol sobre malos y buenos, y envía la lluvia sobre justos y pecadores" (Mt 5, 44-45).

Esta amiga actualmente es religiosa, dedicada a dar una buena noticia a los pobres, y a llenar de amor y de perdón el espacio que invade la violencia y el odio.

Haciendo memoria de esta experiencia, que recordado unas palabras del Beato Bartolomé Blanco Márquez, Patrono de la Pastoral Juvenil en Córdoba, nacido el 25 de Diciembre del 1914, y beatificado el 28 de Octubre del 2007.

En la cárcel de Jaén, poco antes de su muerte, el 1 de Octubre del 1936, escribió a sus familiares una carta que emociona: "Queridas tías y primos: Cuando me faltan horas para gozar de la inefable dicha de los bienaventurados, quiero dedicaros mi último y postrer recuerdo con esta carta…. Conozco a todos mis acusadores; día llegará que vosotros también los conozcáis, pero en mi comportamiento habéis de encontrar ejemplo, no por ser mío, sino porque muy cerca de la muerte me siento también muy próximo a Dios Nuestro Señor, y mi comportamiento con respecto a mis acusadores es de misericordia y perdón…..Sea ésta mi última voluntad: perdón, perdón y perdón; pero indulgencia que quiero vaya acompañada del deseo de hacerles todo el bien posible. Así pues, os pido que me venguéis con la venganza del cristiano: devolviéndoles mucho bien a quienes han intentado hacerme mal…Hasta el cielo. Os abrazo a todos. *Bartolomé*".

125.-Al encuentro de Cristo

¡Vuélvete a Cristo, al Cristo del evangelio, al Cristo que estuvo en el lago Tiberíades, que paseó por las calles de Jerusalén, que perdonó a la mujer pecadora, que criticó a los fariseos y escribas, que acogió a los niños, que alabó la fe del pagano, que lloró en el Getsemaní, que fue golpeado en los patios de Poncio Pilatos, que fue crucificado en el Gólgota, que resucitó y se apareció a sus discípulos...!

No caigas en el peligro fácil de crear un "ídolo" según tus intereses e ideas personales, que no comprometa para nada tu vida, que no libere y sea una imagen de madera para ponerle flores y adornos, que no te interpele en la noche, cuando todo a tu alrededor calla y tu interior pregunta.

126.-Solución para el ser humano

Si crees que no hay solución al enigma del hombre y de tu vida; si piensas que el ser humano es un "error y un fallo en la dinámica de la evolución"; si afirmas que el ser humano es un "absurdo"; si concibes la vida como un "viaje a ninguna parte y hacia la nada"... yo quiero anunciarte una buena noticia: Tu vida es única e irrepetible, valiosa a los ojos de Dios. Vuelve tus ojos a Él, entra y orienta tu existencia hacia Él. Él quiere una relación de amistad contigo y sólo en Él encontrarás la paz que buscabas.

127.-Las obras espirituales de misericordia

Medita las principales obras de la misericordia que atienden al prójimo en sus necesidades espirituales y serás una bendición para los tuyos: "Enseñar al que no sabe, dar buen consejo al que lo necesita, corregir al que se equivoca, perdonar las injurias, consolar al triste, sufrir con paciencia los defectos del prójimo y rogar a Dios por los vivos y por los difuntos".

128.-No te dejes engañar

No te dejes engañar por falsos caminos y propuestas que no llevan más que a la frustración y al vacío.

Cuando la felicidad se asocia a un momento de placer, a tener un buen coche, a comprar una marca determinada de ropa, a conseguir ciertas medidas de peso, a no complicarse la vida por ayudar a los demás… es entonces cuando la frustración se hace dueña de tu espíritu y aflora el "vacío en tu alma".

Recuerda que tu vida tiene sentido y que toda ella es una llamada de Dios que solicita una respuesta en claves de entrega, servicio, justicia, solidaridad, esperanza, perdón y amor.

129.-Releer tu propia historia

Necesitamos tener memoria para no olvidar a los mejores hijos e hijas de un pueblo y las maravillas que el espíritu humano ha obrado en este mundo.

Si eres creyente relee tu propia historia y descubre que Dios ha estado grande con nosotros.

Si tienes unos minutos de tu preciado tiempo, párate, cierra los ojos, y reza tu vida desde el amor de Dios.

Dios te ha mirado en tu pequeñez y te ha cosido a los "méritos de Cristo", cual fuera un niño pequeño a los brazos de su madre.

130.-Tú eres valioso para Dios

Si no encuentras razones positivas para seguir viviendo… Si a lo largo de tu vida se han acumulado muchos fracasos… Si tus ideales y tus sueños no se han realizado y tu vida te parece bastante anodina… Si las experiencias que tenías no se han realizado y en las páginas de tu diario está a punto de poner CONFIESO QUE FRACASÉ, mezclado con lágrimas, oye esta buena noticia: "¡Dios te ama y eres valioso a sus ojos! Él quiere hacer una "historia de salvación" contigo y llevar tu vida al borde de la plenitud en claves de misericordia y de compasión desde Jesucristo.

131.-Creer en la otra vida

En cierta ocasión le preguntaron a Albert Llamas: "¿Cree usted en la otra vida?". Él contestó con fuerza: "Claro que creo en la otra vida, en la que no creo es en ésta".

¡Cuántas veces la vida cotidiana se convierte en un "valle de lágrimas" difícil de transitar!

¡Cuántas veces la semilla de la esperanza en la vida más allá de la muerte es el único motor que nos impulsa para soportar los "malos tragos" que experimentamos!

Como cristianos creemos en la vida eterna, la Comunión plena con Dios.

Alguien escribió en la lápida de un cementerio: "Nació para morir. Murió para vivir".

132.-Oración por la familia

Reza al "Dios de los mil nombre", manifestado plenamente en Jesucristo, por tu familia: "Señor, Dios nuestro, en tus palabras encuentra la familia su auténtico y seguro fundamento, atiende nuestras plegarias y peticiones, y concédenos que, siguiendo los ejemplos de la Sagrada Familia, practicando las virtudes domésticas, y manteniendo vivo el amor, lleguemos a gozar de los premios de tu Reino.

Inspíranos el gesto y la palabra oportuna; ponnos en los labios y en el corazón la llama encendida del amor, verdadero baluarte de la familia"

133.-Las sorpresas del Espíritu

Creo en las sorpresas del Espíritu. Él se manifiesta de múltiples maneras en su Iglesia y en el mundo cada vez más secularizado.

Creo que el Espíritu Santo se manifiesta y habla por medio de hombres y mujeres de ayer, hoy y mañana, aunque se haya manifestado con total "plenitud" en Jesucristo, muerto y resucitado.

134.-La Humildad

San Agustín de Hipona afirmaba que "para llegar al conocimiento de la verdad hay muchos caminos: el primero es la humildad, el segundo es la humildad, el tercero es la humildad".

Bien sabía San Agustín que sólo la humildad es el camino que nos lleva a la verdad y a reconocer lo que nos queda por aprender.

San Agustín, por experiencia propia, sabía que sólo el que ancla su vida en la humildad será capaz de vencer a un gran enemigo interior: la soberbia.

135.-Los caminos de Dios

El Cardenal Suenens decía: "Verdaderamente los caminos de Dios son absolutamente sorprendentes".

Dios se revela de la manera más insospechada.

En ocasiones, vas a rezar y esperas en ese momento remanso y sosiego, en cambio encuentras incertidumbre e inquietud. Vas al bullicio y es ahí donde se manifesta una verdadera experiencia religiosa.

Muchas veces, crees alcanzar la perfección y la unión con Dios a través del sacrificio y el esfuerzo, y, sin embargo, encuentras la mediocridad. Por el contrario, otros, sin mucho esfuerzo, hallan la predilección y el "toque divino" de Dios en su alma.

136.-La espiritualidad

Un hombre de negocios se acercó a un sacerdote y le preguntó: "¿En qué podría ayudarme la espiritualidad a un hombre de negocios y de mundo como yo?".

El sacerdote le dijo: "Te ayudará a tener más y a compartir con el que no tiene".

El hombre le preguntó: "¿De qué manera?".

El sacerdote le respondió: "Enseñándote a desear menos".

Bien dice el refrán: "No es más rico el que más tiene sino el que menos necesita".

137.-Enséñanos a orar

Señor, enséñanos a mirar al cielo y a gustar las cosas de arriba.

Enséñanos a anunciar tu mensaje y a guardar tus palabras.

Enséñanos a sentir tu presencia viva y a extender tu Reino.

Enséñanos a no vivir cruzados de brazos y a reconocer tu presencia.

Danos tu Espíritu, Señor, porque donde no está lo único posible es el miedo y la ruina lo invade todo.

138.-Ser cristiano

Ocurre a menudo que provocamos escándalo con nuestra pasividad y nuestra falta de evangelización, y vivencia del Evangelio.

Gandhi criticaba con fuerza: "Cuando leo el evangelio, me siento cristiano, pero cuando os veo a los cristianos hacer la guerra, oprimir a los pueblos colonizados, fumar opio, emborracharse,... me doy cuenta de que no vivís el Evangelio".

Ser cristiano conlleva una gran responsabilidad y el esfuerzo de demostrarlo en la vida con nuestro ejemplo y testimonio.

Vivamos en este día el reto de ser cristiano no sólo de nombre.

139.-La Encarnación de Dios

La Encarnación de Dios supone la máxima manifestación del amor divino hacia el ser humano, plenitud de toda la Creación.

San Pablo, en la carta a la comunidad cristiana de Filipos, recomienda algo fundamental para cualquier seguidor/a de Cristo: "entre vosotros tened la misma actitud de Jesús, el Mesías: Él, a pesar de su condición divina no se aferró a su categoría de Dios; al contrario, se despojó de su rango y tomó la condición de esclavo, haciéndose uno de tantos" (Flp 2,5-6).

Dios te llama a ofrecerle toda tu existencia por medio de Jesucristo, el Señor y dador de toda gracia.

140.-Hablar demasiado

El escritor Alejandro Dumas afirmaba que "por bien que se hable, cuando se habla demasiado se termina siempre por decir tonterías".

El dominio de la lengua es el mayor de los esfuerzos, que evita caer en el chisme y la falta de discreción en nuestras relaciones humanas.

Hablar demasiado siempre conlleva decir lo que no debes y caer en la vanidad, la crítica fácil y afirmar como verdad lo que en el fondo no es más que "opiniones de salón".

Callar a tiempo el argumento más difícil de refutar y el más difícil de ejercer.

141.-Para que nos vean

Hay una tendencia a hacer las cosas para que nos vean. Si no somos observados, sentimos que nuestras acciones pierden interés y valor, e incluso cambian de orientación cuando estamos solos.

Bien conocía Jesús de Nazaret esta tendencia, que estrangula la conciencia y estimulan el disimulo y la hipocresía.

Jesús de Nazaret decía: "'Cuidad de no practicar vuestra justicia delante de los hombres para ser vistos por ellos; de lo contrario no tendréis recompensa de vuestro Padre celestial. Por tanto, cuando hagas limosna, no lo vayas trompeteando por delante como hacen los hipócritas en las sinagogas y por las calles, con el fin de ser honrados por los hombres; en verdad os digo que ya reciben su paga. Tú, en cambio, cuando hagas limosna, que no sepa tu mano izquierda lo que hace tu derecha; así tu limosna quedará en secreto; y tu Padre, que ve en lo secreto, te recompensará" (Mt 6,1-4).

142.- ¿Quién decís vosotros que soy yo?

"Llegado Jesús a la región de Cesarea de Filipo, hizo esta pregunta a sus discípulos: "¿Quién dicen los hombres que es el Hijo del hombre?" Ellos dijeron: "Unos, que Juan el Bautista; otros, que Elías, otros, que Jeremías o uno de los profetas". Díceles él: "Y vosotros ¿quién decís que soy yo?" Simón Pedro contestó: "Tú eres el Cristo, el Hijo del Dios vivo" (Mt 16,13-16)

No basta saber lo que los demás afirman sobre Jesús de Nazaret, sino aquello que tú experimentas y sientes.

Muchos hombres y mujeres se han sentido sobrecogidos por Jesucristo, y su fe los han convertido en los mejores hijos e hijas de una generación.

Ojalá hoy brote en tu corazón el clamor de una pregunta que salta en las fibras más íntimas del alma y recorre el aliento de la oración: "¿Quién decís vosotros que soy yo?".

143.-El televisor

Según el I Simposio Norteamericano sobre los efectos y problemas de la televisión, el niño recibe durante el año académico 980 horas de clase, y ve la televisión durante 1340 horas. De esta manera, al ingresar en la Universidad hacia los 18 años, ha estado 11 o 12 mil horas de clase, y más de 22.000 horas delante del televisor.

Cuando la televisión no es un instrumento al servicio de nuestro desarrollo integral y no ayuda a potenciar nuestras facultades y conocimientos, entonces hay que temer a la televisión, que se convierte en el "enemigo número 1" en nuestra propia casa, aunque parezca tan indefensa y un mueble más del salón.

144.-Maestros para la vida

En la película "El Club de los poetas muertos", el profesor John Keating se convierte en inspiración para sus alumnos. Él no se limita a la mera enumeración de datos e información, sino que incitó a sus alumnos a hacer de sus vidas "algo extraordinario".

Los jóvenes necesitan maestros que sean capaces de sacar lo mejor de sí mismos y ayudarles a "pulir" su alma como un diamante de gran valor.

El buen maestro debe repetir a sus alumnos que en todas las cosas se esconde gran sabiduría que sólo el esfuerzo y el tesón son capaces de descubrir.

145.-Pensar bien

Algunos piensan que la sospecha y la duda frente a los que te rodean son las mejores armas en nuestras relaciones humanas. Se repiten continuamente: "Piensa mal y acertarás".

Intenta hacer lo contrario. La experiencia nos demuestra que la sospecha corrompe las amistades y rechaza el compañerismo, lleva a la muerte al amor, y la duda continua genera en las relaciones humanas un cultivo hacia el desastre.

Siente que hoy puedes descubrir que la mejor presentación en nuestras relaciones humanas es el amor.

Escribe en las "paredes de tu corazón" este lema: "Piensa bien y acertarás".

146.-El Dios en quien creemos los cristianos

El Dios en quien creemos en un Dios que no pide, sino que da; que no humilla, sino que levanta; que no hiere, sino que cura; que no niega, sino que afirma; que no entristece, sino que alegra; que no condena, sino que perdona; que no castiga, sino que redime y libera; que no adormece, sino que despierta.

El Dios en quien creemos encuentra más alegría en un solo pecador que se convierta que en 99 justos que no necesitan convertirse.

147.-Volver al corazón del Evangelio

Vuélvete al corazón del Evangelio y a la esencia misma del amor de Dios.

Cuando tus sentimientos, pensamientos y acciones se llenen de la misericordia de Dios, entonces la llama encendida del Espíritu arderá sin consumirse en lo interno y sus siete dones culminarán en la purificación más sincera, sellada con la huella del Crucificado.

Si alcanzas en este día una gracia de Dios, por favor no la tires al olvido y vuélvete silenciosamente al Misterio.

148.- Desvelando interrogantes

Afirmar que en la Biblia hay diversos géneros literarios no es atentar contra la Palabra revelada sino situarla en su preciso contexto.

No es de recibo ni históricamente cierto quitarle veracidad a ciertas páginas del Antiguo y Nuevo Testamento, como tampoco dejar inmune de la criba y la exégesis histórica todo lo que nos relatan los libros sagrados. Tanto una postura como la otra son extremas que deben ser eliminados y descartados de la mentalidad del lector.

Los acontecimientos leídos por el creyente desde Dios hacen más grande aún su fe porque para ellos nadie pilla a Dios de sorpresa ("oportebat") y a pesar de todo Dios guía los acontecimientos de la historia de una manera misteriosa y segura.

Cientos de millones de hombres y mujeres anclan sus dudas en torno a la Biblia buscando ciertas irreguladades, mientras otros rebuscan una palabra que dé serenidad y paz a su alma, una palabra envuelta en anécdotas difíciles de superar el examen de la rigurosidad histórica.

149.-Los hijos

El Concilio Vaticano II dice en la Constitución Gaudium et Spes: "los hijos, como miembros vivos de la familia, constituyen a su manera a la santificación de sus padres, pues con el sentimiento de gratitud, con su amor filial y con su confianza, comprenderán a los beneficios recibidos de sus padres, como buenos hijos, los asistirán en las adversidades y en la soledad de la vejez" (G.S. 48).

Los hijos son el mayor tesoro de una familia. Para unos padres, sus hijos son el reclamo de sus desvelos y esfuerzos, el mayor de sus trabajos, y, en ocasiones, la fuente de sus mayores sufrimientos y de sus mayores alegrías.

150.- La hipocresía de una cultura

Alanis Morissette, cuatro premios Grammy, cantante canadiense que ha revolucionado la música en los últimos años, ha manifestado que "considero que hay hipocresía en todas las culturas en las que he vivido. Por una parte te estimulan para expresarte y al mismo tiempo te reprimen, te niegan esa posibilidad de ser tú mismo... Lo mejor es hacer lo que tú sientes, comportarte según tus circunstancias".

La sociedad actual, hipócrita en sus adentros y demasiado demagógica en sus contornos, estimula sin cansarse aquello que poco después castiga.

Bien sabemos que en el asunto de Jesús de Nazaret los criterios de la masa cambiaron en cuestión de semanas, e incluso días, porque aquellos que le aclamaban como Hijo de David y Mesías en su entrada a Jerusalén lo mandan crucificar como enemigo del pueblo e impostor de Israel.

151- Volver

Cuentan que un teólogo, conocido mundialmente por sus grandes conocimientos bíblicos y su altura teológica, comentó que su verdadero fundamento espiritual no habían sido los libros ni las grandes teorías de los grandes autores que había estudiado.

El continuamente afirmaba que después de tantos estudios, publicaciones, charlas, conferencias por muchos lugares en el mundo entero, retiros y meditaciones lo único que caldeaba su espíritu y lo llenaba totalmente de una paz indescriptible era el recuerdo de su infancia cuando su abuela le enseñó a rezar y sus ratos de oración en el Sagrario de su Parroquia.

Aquel teólogo recordó que lo único que había hecho era volver a su primer encuentro con Cristo.

152.- Si no sois como niños

En una reunión de catequesis surgió la inquietud de saber qué intención tenía Jesús al decir que "si no sois como niños no entraréis en el Reino de los cielos" (Mt 18,1-5).

Un joven repuso que los niños son muy inocentes y que la intención de Jesús era alentar a sus oyentes para que volvieran a la inocencia primera, sin pensar nunca mal de los demás.

Otro joven exclamó que los niños son muy vulnerables y que para entrar en el dinamismo de la fe era necesario no pensar demasiado y amar mucho.

Una joven dijo que los niños son muy obedientes y que ser creyentes supone obedecer una serie de mandamientos y obligaciones de una determinada Iglesia.

Pero un joven sentenció que la verdadera y última intención de Jesús al poner como ejemplo a los niños era recordarle a sus oyentes que el fundamento último de la fe en Dios es la confianza plena, saberse acompañado en las alegrías y las tristezas, la salud y la enfermedad, en los triunfos y en los fracasos. Y que el niño no es inocente sino que confía plenamente en sus mayores y adultos.

Y todos, a la luz de aquellas intervenciones, reconocieron que Jesús de Nazaret era grande y sus palabras válidas hoy.

153.-No al vacío

Y dijo el profeta: El vacío que os invade en momentos llegará a romperse como la noche cuando llegan los rayos luminosos del sol. No os dejéis intimidar demasiado con la angustia que paraliza la esperanza y el sentimiento vacío del absurdo que teje su tela de araña en el corazón inocente del hombre.

Días vendrán en que lamentarás haber nacido e incluso te quejarás amargamente por qué te dieron a mamar de sus pechos, pero ten ánimo y no te ancles en el desprecio.

Y si tienes la tentación de ocultar tu vacío de riquezas y de amores pasajeros que dejan caldeado el contorno y frío lo interno no te engañes a ti mismo.

Te digo, aunque no lo creas en este preciso momento, que la hoja seca cae del árbol y el alma humana cae en el hastío cuando se sumerge en lo absurdo y olvida que ha sido creada para alabar y bendecir a Dios

154.-Como la burra del Domingo de Ramos

Un sacerdote se creyó por momentos que era alabado por sus cualidades y talentos. Su espíritu se veía radiante y elevado en exceso.

Un buen día un joven se acercó a él y le dijo que necesitaba urgentemente hablar con un sacerdote para recibir el sacramento de la Penitencia.

Comenzaron a hablar y el joven empezó a abrir su alma a aquel sacerdote. A los pocos minutos el joven repuso: "usted como persona no me interesa, yo vengo a usted como la presencia de Cristo pastor en medio de nosotros y para recibir la absolución a mis pecados".

El joven se marchó y el sacerdote, por la noche, descubrió que le había pasado como a la burra que llevó a Jesús en el Domingo de Ramos. Todos alababan y bendecían a Jesús como el Hijo de David, pero la burra, toda contenta y animosa, creía que aquellas aclamaciones eran por ella.

Y aquel sacerdote recordó años más tarde que esa fue la mejor lección de toda su vida, y gracias a él creció en la humildad.

155.-Vasija de barro

Y dijo el profeta: Tú eres una vasija en manos del alfarero. Pero solamente seremos purificados si tratamos a los demás como queremos que nos traten.

Sabemos que el árbol se conoce solamente por sus frutos y que la medida que usemos la usarán con nosotros.

Tu barro es quebradizo y solamente descubrirás que lo santo está al servicio del hombre, y no viceversa.

Días vendrán en que desearás no haber nacido pero te pediría que busques el Reino de Dios y su justicia, y todo se nos dará por añadidura.

No olvides que donde están tus riquezas estará también tu corazón. Pues yo os digo que "no amontonéis riquezas en la tierra, donde se echan a perder, porque la polilla y el moho las destruyen, y donde los ladrones asaltan y roban. Acumulad tesoros en el cielo, donde nos se echan a perder, la polilla o el moho no las destruyan, ni los ladrones que asaltan o roban" (Mt 6,19-20).

156.- Dios es padre y madre

Y dijo el profeta: Dios es el padre que acoge y la madre que abraza. Aunque tu vida se aleje de lo eterno y lo sientas ausente de tus fatigas. Él estará esperando sin desmayo tu regreso, quizá motivado por la desolación y el desengaño.

Dios tiene un corazón generoso y compasivo que hace estallar en añicos el alma de los buenos y cumplidores, demasiado ocupados en hacer méritos a sus ojos y poco entusiastas con el perdón y el arrepentimiento.

Una madre representa el cariño, la delicadeza, el amor sin condiciones, la mediación en beneficio del hijo; un padre simboliza la autoridad, el brazo fuerte y el sustento seguro de una vida responsable.

Eso es Dios, padre y madre, calor y apoyo, sustento y fuego, aliento y compasión, misericordia y felicidad, aliento en las caídas y esperanza en el camino.

En el fondo todos somos hijos pródigos, necesitados de amor y suplicantes de compasión.

157.- Soportar dudas

En tu peregrinar angosto la existencia misma será deshojada en sus más increíbles centros, y en el fondo pocos cimientos quedarán levantados.

La vida misma jamás ancla sus redes en un mismo mar, pues deambula de parte a parte, buscando una playa que amaine los vendavales y satisfaga la sed de eternidad.

Deshojada y sin aliento, la fe misma brillará despacio en medio de tantas palabras y mensajes caducos, que hieren al hombre en su más clara dignidad y su más elevado humanismo.

158.- Los pecados capitales

Un joven se sintió impresionado cuando fue a ver la película Seven, protagonizada por los actores Morgan Freeman y el joven actor Brad Pitt, en la que un maniático mataba a sus víctimas siguiendo un plan inspirado en los siete pecados capitales: la soberbia, la avaricia, la envidia, la ira, la lujuria, la gula y la pereza.

Y decidió enterarse más profundamente acerca de los siete pecados capitales y qué fuerza tenían en las actitudes de cada hombre. Y supo que no se podía entender la cultura occidental sin entrar en el conocimiento de la dimensión religiosa y el lenguaje cristiano.

En el fondo son apetitos desordenados que destrozan el equilibrio emocional del hombre y lo lanza hacia cotas cada vez más bajas.

Bien sabemos que la avaricia o el apego excesivo a las riquezas, la lujuria o el apetito desordenado por las cosas carnales, la ira o el deseo de venganza, la gula o exceso por el comer y el beber, la envidia o la tristeza por el bien ajeno, la pereza o la desgana por el trabajo y las obligaciones, y la soberbia o el orgullo y amor propio desmedido, lo único que hacen en el hombre es proyectar el rostro más amargo de sí mismo y crea un mundo cada día más oscuro.

159.-Crítica positiva

En una reunión de grupo una mujer comentó que había que tener una actitud crítica positiva ante las personas y los hechos, en ocasiones muy al contrario de lo que hacemos a menudo.

En general no dejamos títere con cabeza y subrayamos más lo negativo que lo positivo de cada persona y cada hecho que observamos.

La actitud crítica positiva reconocer los puntos débiles de cada hecho humano y la intención primera de su queja no es otra que mejorar en beneficio de los demás, de la mayoría, y no solamente contemplar el beneficio propio.

No es bueno que solamente demasiada permisividad en nuestra relación con el otro pero sí pedimos que nuestros actos sean contemplados con piedad y nuestras debilidades con una pizca de misericordia. Sólo así llegaremos a gestar una sociedad más auténtica y más justa, anclada en la crítica constructiva y en la capacidad de construir más cuotas de fraternidad y respeto.

160.- Una mirada desde arriba

John Glenn, el astronauta de mayor edad de la historia, verdadero héroe en su país con 77 años, comentaba después de su expedición por el universo: "Me es imposible mirar desde aquí la creación y no creer en Dios. Simplemente fortalece mi fe. Desearía encontrar palabras para descubrir lo que estoy viendo".

Y John Glenn contempló la pequeñez de la tierra y la grandeza del universo, y supo ver desde muy lejos que el mundo que contemplamos nos lleva a descubrir la existencia de su Creador.

Descubre en este día que Dios, principio y fin de todas las cosas, puede ser conocido con certeza mediante la luz natural de la razón humana a partir de las cosas creadas, y aunque no vayas como John Glenn al Espacio para descubrir contemplar tanta belleza y que ella te lleva a Dios, sube a una montaña o incluso mira ahora mismo al cielo, y verás cómo no es posible afirmar que este mundo sea mirado sin ver detrás de él la huella del Eterno y la mano poderosa de Dios.

161.- Los derechos fundamentales

Y dijo el profeta: Queda decretado de que a ningún hombre ni mujer les sean usurpados sus derechos fundamentales. Cada uno tenga en la sociedad un espacio de dignidad más allá de la posesión, el prestigio y el poder.

Queda decretado que cuando el amor invade los corazones todos somos imprescindibles, hasta aquellos que parecen insignificantes y despreciables. Los mejores sentimientos religiosos gestan en el hombre un calor divino que roza lo perfecto y es entonces cuando el Enmanuel entra en lo más íntimo, rompiendo de manera invisible el egoísmo y la insolidaridad.

Queda decretado que cada hombre y mujer que vienen a este mundo, en ocasiones con un recorrido tan difícil de digerir y tan duro de transitar, tienen la obligación de sembrar amor y paz en todas las relaciones humanas. Sólo así brillará como una estrella resplandeciente en el peregrinar de la vida, que ha sido dada para ser combatida y ser entregada.

Queda decretado que los arpegios del corazón comienzan a danzar cuando detrás de un rostro se vislumbra la belleza de un alma. Detrás de unos ojos y unos labios se esconde el palpitar llameante de una vida, en ocasiones en la punta de un puñal y al borde de un desfiladero, y es esa vida la que necesita ser descubierta y valorada.

Queda decretado que la belleza de un rostro pasa y se marchita con los años, las medidas de un cuerpo se rompen muy a menudo, pero es la belleza interior, el encanto de un alma, la que se debe descubrir y valorar, porque la belleza auténtica está en el interior.

162.- El perfume de la oración

Si haces un alto en tu camino déjate engalanar con el perfume de la oración, que puede esconder sin fatigas el lamento. No vuelvas a despreciar el arpa del alma que va despacio a susurrar al viento sus sueños, pero la vida se deja marchar, nada más llegar, con el fantasma del miedo y el desaliento.

Te irás demasiado pronto al corazón del prójimo pero deja que tu memoria no olvide el amor primero, el huracán eterno donde mana lo fuerte.

Deja que la ira se esconda temblando en los huecos del amor para que pueda ser purificada en su más recóndito centro.

163.- Mi oración es ésta

En esta mañana mi oración es ésta, Señor: que no se cansen los buenos, esos artífices de las mejores páginas de nuestra historia. Esos que mantienen el aroma de la esperanza en medio del sufrimiento y el tormento.

Señor, que falten evidencias, que desaparezcan los ilusionistas de las grandes ideologías y los verdugos a sueldo. Que huyan del tejido social los sembradores del hambre y de la injusticia, los mercaderes del mal, los traficantes de armas, los torturadores de niños, los abusadores de los pobres. Pero, Señor, que no se cansen los buenos.

Señor, manda un rayo de tu lumbre y ciega la injusticia que vigila radiante la vida de la ciudad y de los pueblos.

Señor, en esta mañana mi oración es ésta: que no se cansen los buenos y se mantenga viva en la historia la esperanza y la confianza en el hombre.

Sin ellos en el caminar de la vida se impone con demasiada frecuencia la competencia y el engaño, el abuso y la frustración, la malicia y el dolor.

Señor, que no se cansen los buenos y rompe el pecado que se anida en nuestro ego.

164.- La vida

Gloria Fuertes falleció el 27/11/1998 y fue una de las poetas más importantes de nuestro país en estos últimos lustros de siglo.

Ella comentaba que "la vida es una hora, apenas da tiempo a amarlo todo, a verlo todo. La vida sabe a musgo, sabe a poco la vida si no tienes más manos en las manos que te dieron. Al final escogemos un lugar, un pretil, una vía, una punta de un puñal donde pasar la noche".

La vida misma es un suspiro, un momento si la vemos desde la profundidad del tiempo y del espacio. Pero un suspiro que solamente encontrará su ajustado sentido en tanto en cuanto sea entregada y donada como amor. Todos los caminos que no lleven al amor en el fondo dejarán la insatisfacción y el vacío, el desosiego y el desprecio.

Desde lo caduco hallaremos lo permanente, desde lo mediocre suspiraremos la perfección, desde la fatiga añoraremos la paz, y desde el sufrimiento más dispar buscaremos sin saberlo a Alguien que dé paz y sentido pleno a la vida más allá de su propia indigencia y su propia inmanencia.

Pero muchas veces la vida se hará grandiosa cuando tengas unas manos amigas que te hacen sentir más manos que las que te dieron, y solamente así la vida, en todos sus minutos y segundos, merece la pena ser vivida.

165.- La desesperanza

Días vendrán en que todo aquello por lo que has luchado se rompa como una caña, y entonces su tarea vital será reconstruir lo que ha sido caído.

Sin prisa ni sin pausa, el huracán de un acontecimiento vencerá casi por encanto la grandeza aparente de un Goliat, pero entonces desearás una mano amiga más que un manantial de agua en desierto.

La autoridad de una vida se gesta en ocasiones en el testimonio de bondad, y en el sentimiento de que hemos fracasado en nuestro camino.

166.-"Un Cristo que no olvide a Jesús de Nazaret"

El marxista E. Bloch afirmaba acerca de los orígenes humildes de Jesús: "Se reza a un niño nacido en un establo. No cabe una mirada a las alturas hecha desde más cerca, desde más abajo, desde más de casa. Por eso es verdadero el pesebre: un origen tan humilde para un Fundador no se lo inventa uno. Las sagas no pintan cuadros de miseria y, menos aún, los mantiene toda una vida. El pesebre, el hijo del carpintero, el visionario que se mueve entre gente baja, y el patíbulo al final..., todo eso está hecho con material histórico, no con el material dorado tan querido por la leyenda..."

Y esta afirmación, poco tachada de tendenciosa hacia el material evangélico y favorable hacia la Iglesia, nos hace comprender con demasiada urgencia que nos tenemos que acercar a un Cristo de la fe que no olvide los rasgos históricos de Jesús de Nazaret, y la comprensión de un Jesús histórico que no aleje de su imagen los rasgos profundos de la fe.

167.- El hombre, ser espiritual

El hombre es un "ser espiritual" que tiene que desarrollar esta dimensión para realizarse como persona.

La "apertura incondicional al Misterio" constituye uno de los elementos más importantes de una vida auténtica, que enlaza perfectamente con la búsqueda de sentido global último para su existencia, la realidad como conjunto y el curso de la historia.

Hay momentos en que la sociedad tan pragmática y tan tecnificada, consumista y "madrastra", quiere ahogar la dimensión espiritual, pero apenas dura una prohibición. El mismo hombre saca de su propio centro esa "sed de inmortalidad" y "hambre de eternidad" que le contagia de una búsqueda ardiente, por pura iniciativa de Dios, a algunas almas ansiosas de Dios, y a otros les hace sentirse insatisfechos de lo que les rodean y de su agitada existencia, sin saber que esa misma insatisfacción es un reclamo para volver a Dios.

No olvides esta dimensión espiritual y vuélvete sin duda alguna hacia Dios.

168.- Pinocho

A Pinocho le crecía la nariz cada vez que mentía, y hoy mucha gente no vivimos la exigencia de la verdad.

Nuestra sociedad y nuestra cultura se ha cimentado en la hipocresía y en el engaño, en la apariencia y el disimulo. Vivimos en una sociedad tremendamente hipócrita y aparentemente tolerante, superficialmente madura y artificialmente engañosa.

Mil cosas tenemos en casa y la mayor parte de ellas aparentan ser lo que no son: escayola que parece hierro, marmolina que parece madera, papel que parece yeso... y eso mismo se ha impuesto en nuestro entorno: la cultura del engaño y el disimulo.

Y hoy, para que el hombre encuentre el calor existencial que necesita para su crecimiento interior debe de sentir como urgencia la llamada a vivir el octavo mandamiento de la ley de Dios: "No dirás falsos testimonios ni mentirás".

Y bien sabemos, por experiencia propia, que este reclamo es condición necesaria para caminar hacia el hombre auténtico y realizado.

169.-Los evangelios

Los evangelios no son biografías ni historias de Jesús, sino testimonios de fe y catequesis vividas por la comunidad cristiana. Son escritos a la luz de la Resurrección, y son iluminadas desde este acontecimiento pascual todas las palabras, obras, acontecimientos y la vida toda de Jesús, pero no al margen de lo que real e históricamente fue.

Comprendemos que en los orígenes tenemos una experiencia muy precisa, la experiencia de unos hombres, muchos de ellos marginados y alejados de la Ley, pescadores y recaudadores de impuestos, cuyos pasos se convirtieron en un encuentro gozoso con el Misterio.

Y en medio de sus afanes escucharon una voz que les gritaba: "¡Ven y sígueme!" Una voz que se sigue oyendo en la dinámica del mundo y en la existencia de cada hombre y mujer, deseoso de encontrar un sentido global y permanente a su historia.

170.- Quebrada en incredulidad

En cierta ocasión se celebraba en una Parroquia el entierro de un hombre que había sido muy piadoso. La familia estaba muy apenada. Se respiraba en el ambiente dolor y tristeza, angustia y desesperación.

Un joven se preguntó si los cristianos tenían una actitud diferente ante la muerte que el resto de los ciudadanos y si realmente con estas actitudes desesperadas cuestionaban a alguien en esta sociedad. Y recordó el impacto que tuvo Edith Stein, aún atea, cuando fue a visitar a la joven viuda de su amigo Adolf Reinach, la Señora Anne Reinach, que se habían bautizado poco antes en la Iglesia evangélica.

Y Edith encontró en Anne Reinach una aceptación de la muerte de su marido que la zarandeó interiormente. Ella como filósofa había encontrado siempre ante la muerte dolor, sufrimiento, desesperación, misterio, y sin embargo su amiga transmitía paz y serenidad interior, fundamentada en el Dios de Jesucristo.

Tal fue el impacto existencial de aquel encuentro con su amiga, que años más tarde, Edith comentaba: "Fue el momento en que se quebró mi incredulidad, palideció el judaísmo y apareció Cristo: Cristo en el misterio de la Cruz".

171.- No defraudes a Cristo

No defraudes a Cristo. Ha salido a la plaza y ha mirado con entusiasmo el corazón del hombre para "atraerlo con correas de amor".

¡Por favor, no defraudes al Eternamente joven, Cristo, que quiere contagiar de perdón y compasión las fibras más invisibles de tu existencia!

No olvides nunca que Cristo ha puesto toda su confianza en ti para que tu vida sea un si en disponibilidad permanente como si fuera la única y más valiosa a los ojos de Dios.

No defraudes la llamada vocacional a la que Dios te empuja y recuerda en el silencio de la noche que hay espacios interiores que deben ser purificados para que brille la huella y "los sentimientos de Cristo".

172.- ¿Por qué tienen hambre?

Helder Cámara ha sido uno de los más grandes profetas de América Latina y uno de los más claros defensores de los pobres.

Helder comentaba con fuerza: "cuando doy pan a los pobres, me llaman santo; cuando pregunto por qué tienen hambre, me llaman comunista".

Bien es cierto que el drama del hombre tiene su origen en la injusta desigualdad y en el desigual reparto de la riqueza.

El clamor de los pobres, que se pierde en los orígenes de la fe, pide con urgencia un análisis riguroso de las causas estructurales de la pobreza: "he visto la opresión de mi pueblo..."

Esta queja sí que llegue a Dios como incienso que se eleva y un reclamo para superar las desigualdades.

Hay causas económicas y políticas, que indican sin ambigüedad que el problema del hambre, tiene su origen, y el mundo mal repartido es un polvorín que camina hacia el desastre.

Mientras unos viven en la abundancia, otros humedecen sus vidas en la hambruna más descarada, y de vez en cuando algunos cogen una patera para esconderse en los sueños del mundo de los ricos.

173.--La verdad nos hará libres

Solamente la verdad podrá sacarnos de nuestra esclavitud y nos hará superar la escandalosa falsedad y apariencia del mundo y de nuestras relaciones humanas, en multitud de ocasiones ancladas en la mentira y el engaño.

Y la humanidad, hombre y mujer, es la que importa y debe ser redimido en su integridad de su apariencia y engaño.

De nada sirven que los ideólogos de la sociedad anclen sus dardos de falsedad en el devenir histórico de la humanidad porque la grandeza humana será al final manifestada desde lo "Totalmente Otro" y desde el dinamismo sorprendente del Espíritu que nos llevará sin remedio hacia el "Punto Omega" (Theilard de Chardin).

Los arpegios del alma suenan cuando a la hora más inesperada se ancla en la orilla invisible de Dios y la hace purificarse por momentos.

174.- Una personalidad histórica

Romano Guardini en su libro "La esencia del Cristianismo" afirma brillantemente: "El Cristianismo no es, en último término, ni una doctrina de la verdad ni una interpretación de la vida. Es eso también, pero nada de ello constituye su esencia nuclear. Su esencia está constituida por Jesús de Nazaret, por su existencia, su obra y su destino concreto, es decir, por una personalidad histórica".

Y cada uno de nosotros, creyentes y seguidores de Cristo, tenemos que cimentar nuestra fe en ese Jesucristo que ha aunado con un nexo inviolable el amor a Dios y al prójimo, reafirmando como baluartes de toda una existencia auténtica el amor, la esperanza y la fe.

Desde Jesucristo comprendemos, a la luz de toda su vida, que "Dios necesita de los hombres no para ser Dios sino para ser un Dios de hombres y mujeres" (Edward Shillebeeckx), y que es imposible gestar un credo razonable al margen de la historia del hombre, de su temporalidad, de sus angustias y esperanzas, anhelos y frustraciones, sueños y fatigas, proyectos y derrotas.

175.- El discurso teológico

Y dijo el profeta: El discurso teológico tiene tres momentos íntimamente relacionados entre sí.

El primero, llamado eventus revelationis, consiste en la convicción profunda de que Dios se ha revelado a los hombres en su libérrima voluntad y en una actitud de amor y misericordia ha salido al encuentro del hombre para redimirlo desde su propia historicidad.

El segundo, llamado auditus revelationis, consiste en la respuesta auténtica y libre del hombre a la gran iniciativa de Dios desde una actitud verdadera de devoción y obediencia.

El tercero, llamado intellectus revelationis, es la conclusión del hombre que ha respondido al Misterio divino y desde El encuentra sentido global a su vida e interpreta los acontecimientos desde la manifestación del Dios manifestado de acuerdo con unos conceptos y un lenguaje adecuado a su tiempo.

176.- Las relaciones humanas

Según el análisis conciliatorio, en las relaciones humanas entran en juego cuatro posibles posiciones vitales respecto a uno mismo y a los demás:

La primera, considerada desequilibrada, parte del principio que "yo estoy mal y tú estás bien". Desde esta postura pedimos al otro ayuda, consejo, acogida y protección.

La segunda, estimada perturbadora, parte del principio que "yo estoy mal y tú estás mal". Desde ella ambos interlocutores comparten ideas, críticas, proyecciones, miedos e inseguridades hacia lo otro, hacia los demás.

La tercera, contemplada como fundamentalista, parte del principio que "yo estoy bien, tú estás mal". Desde ella se contemplan actitudes dictatoriales, fundamentalismos políticos y religiosos, teniendo recelo hacia la libertad del otro.

La cuarta, considerada psicológicamente correcta y socialmente válida, parte del principio que "yo estoy bien y tú estás bien". Desde ella podemos gestar un hombre auténticamente realizado y maduro, deseoso de crear un mundo más solidario y fraterno, y en un plano de igualdad buscar la ansiada verdad.

177.- La espiritualidad del éxodo

Y dijo el profeta: "El Éxodo de las tribus de Israel de Egipto a la tierra de Canaán por mano de Moisés es el paradigma de toda la liberación humana.

Liberarse de las opresiones no es solamente un esfuerzo por luchar contra los tiranos y los verdugos de la sociedad sino la exigencia radical de luchar contra nosotros mismos, en ocasiones cargado nuestro corazón de envidia, ira, comodidad, lujuria, vanidad y soberbia.

De nada sirve que luchemos contra las esclavitudes exteriores y contra los males que nos rodean si no combatimos con una gran dosis de conversión.

Moisés luchó contra el Faraón y venció en el combate. Pero aquí estamos nosotros, suspirando un libertador, que nos haga salir de la noche y nos lance hacia las puertas de la liberación.

178.- Direcciones de la fe

La fe de ordinario es primero vivida y experimentada, y sólo después pensada o fundamentada.

La fe razonada gira en una doble dirección: por un lado, hacia dentro de la propia creencia para comprobar la solidez del mensaje que ha sido recibido y transmitido, y por otro, hacia fuera para poder dar razón a la propia esperanza en medio de una cultura, en ocasiones cimentada en la increencia y en la "sospecha".

Sin estas dos direcciones la fe no cruzará el umbral de la purificación y no dejará de ser infantil, sellada en actitudes defensivas, ajena a la cultura dominante y a los interlocutores combatientes.

Bien sabemos, aún sin sospecharlo, que vivimos en precariedad la cercanía indefectible de Dios, reafirmando a menudo que "Dios es más objeto de esperanza que de saber" (Gustavo Gutiérrez), implorando con insistencia que "lleguen a ser dulces a nuestro corazón las cosas que nos mandas creer" (oración en la fiesta de san Anselmo).

179.-Mensajero de la paz

Cierto día un hombre, considerado como un gran mensajero de la paz, fue consultado por un joven y le preguntó sobre el secreto de su identidad como líder de la paz.

Y este hombre contestó con luz en los ojos y sonrisa en el corazón: "Mi principio es simple y sencillo, pero este convencimiento me ha hecho ser tremendamente eficaz: cuando uno quiere, dos no riñen. Este lema tan sencillo se concreta en decisiones y acciones muy concretas, ya que si me insultan, nunca me siento herido en mi ego. Si me golpean, retengo los golpes con la fuerza de la paz pero jamás cedo en mi compromiso por la paz y la justicia. Si me declaran la guerra, intento rezar y pedir en mis oraciones por esos aparentes enemigos. En definitiva, creo que este camino es el único que lleva a un hombre o una mujer a ser un líder de la paz".

Y aquel joven aprendió la grandeza de un alma y el aroma de una bendición para el mundo.

180.- ¿Cómo ser original?

John Waters es un director de cine, conocido mundialmente por su excelente película "Pecker", una comedia en la que su protagonista, un joven empleado en una tienda de sándwiches que fotografía el paisaje humano de su entorno inmediato, es convertido en la última sensación de la escena artística neoyorquina. Con el éxito la vida de Pecker cambia drásticamente y la fama le asfixiará. Al final, el joven artista tendrá que elegir entre un triunfo abrumador o un anonimato tranquilo.

Le preguntaron recientemente en una entrevista que "¿Cómo veía los años 90?" Y John Waters contestó: "Es gracioso. Porque ahora todo es mal gusto, todo es basura. La televisión es basura, la prensa es bausera, incluso el New York Times. Todo es enfermizo y sin gusto. Todo el mundo dice tacos, todo el mundo dice cosas sucias. ¿Cómo ser original? Es el momento de hacer lo contrario".

¡Magnífico consejo de John Waters que afirma que el mal gusto se ha impuesto en todas nuestras relaciones y, si queremos ser originales en este tiempo histórico que nos tocado vivir, alejémonos de la "cultura basura" y edifiquemos nuestras vida en la estética y el buen gusto!

181.- No existen casualidades

Un matrimonio se sentía tremendamente inquieto por una experiencia que le había sacudido espiritualmente y admiraban la "astucia evangelizadora" de un sacerdote amigo, que había provocado la misma.

Pero el sacerdote les contestó: "Para Dios no existen las casualidades. Él se hace el encontradizo de mil maneras y respeta increíblemente la libertad y el ritmo de cada persona.

Algunos vislumbran desde pequeños la grandeza del Señor; otros, en cambio, hallan la huella de la fe en algún momento de su existencia.

Todo cuanto ocurre está preñado de la presencia de Dios y son oportunidades para crecer como personas y acercarnos a Él con caridad y misericordia".

182.- Armonizar todos los elementos de la fe

La fe debe de armonizar todos los elementos en aras a un equilibrio. Y todas las direcciones convergen en el fondo para gestar un auténtico discípulo de Cristo.

El verdadero discípulo fundamenta su itinerario en la Palabra de Dios, leída e interpretada desde Cristo resucitado. Y "desconocer la Escritura es desconocer a Cristo".

El verdadero seguidor celebra gozosamente la fe con otros hermanos desde una "actitud activa, piadosa y consciente".

El verdadero discípulo de Cristo está convencido de que es imposible vivir su fe sin una referencia a la comunidad cristiana, verdadera garantía del proceso personal de fe.

El verdadero cristiano aúna su credo con la vida, convencido de que una fe que actúa por la caridad es lo único que salva al mundo y al hombre.

Todas estas vertientes anclan sus raíces en la Trinidad Santa y la iniciativa de Dios será lo mismo que legitime nuestra respuesta.

183.- Querer lo que uno hace

Jean-Paul Sartre fue filósofo, dramaturgo, novelista y periodista político francés, nacido en París el año 1905. Rechazó el Premio Nobel de Literatura que se le concedió en el año 1964 afirmando que si lo aceptaba comprometería su integridad como escritor. Él fue uno de los principales representantes del existencialismo y gracias a él este movimiento filosófico tuvo una repercusión mundial.

Jean-Paul comentaba que "la felicidad no es hacer lo que uno quiere sino querer lo que uno hace".

¡Qué bien supo expresar Sartre, este filósofo preocupado por la identidad y la libertad de elección, que la felicidad no está en hacer muchas cosas ni en poseer todos los tesoros del mundo, sino en querer y degustar lo que haces!

184.- La kénosis de Dios

Para comprender la vida toda de Jesús es necesario situarla en la dinámica del amor. El amor es el único camino que humaniza al hombre de ayer, hoy y mañana. Sin el amor jamás la historia saldrá de los escondrijos del egoísmo y la envidia, la violencia y la desolación.

El amor es "paciente, servicial; la caridad no es envidiosa, no es jactanciosa, no se engríe; es decorosa; no busca su interés; no se irrita; no toma en cuenta el mal; no se alegra de la injusticia; se alegra con la verdad. Todo lo excusa. Todo lo cree. Todo lo espera. Todo lo soporta" (1 Cor 13, 4-7).

La gangrena de la maldad se deposita en el corazón del hombre y los alacranes de la angustia se esconden en el interior, pero el amor lo limpia y su luz invisible ilumina los secretos más ocultos.

El amor jamás encuentra su fundamento en la vida finita del hombre, porque su origen está más allá de lo inmanente y más íntimo que la empatía misma.

Y la expresión máxima del amor es el rostro de Dios mismo, que se abaja en su propia dignidad y grandeza para elevar al hombre hacia Él.

Esta Kénosis divina es la que enmarca toda la encarnación de Dios, asumiendo desde su propia inmutabilidad las categorías de espacio y tiempo en su más íntima dinámica.

Y toda Kénosis tiene dos direcciones: Uno que abaja al Dios vivo hacia el hombre asumiendo la pobreza y la debilidad de la finitud, y otro que hace elevar al hombre hacia la esfera de Dios como un gran camino de divinización.

Y en Cristo, verdadero Dios y verdadero hombre, se dan estas dos direcciones fantásticas de la Kénosis divina.

185- La misericordia de Dios

Un comandante del ejército comentaba a su amigo sacerdote: "Si la Iglesia predicara más sobre la compasión y la misericordia de Dios tendría a los hombres y mujeres de hoy a sus pies".

Y esta observación debe de hacernos conectar con el ansia del hombre actual de encontrar una dimensión espiritual que lo reconcilie consigo mismo y lo lance hacia cuotas cada vez más perfectas de felicidad y de liberación.

Los hombres y mujeres de hoy, demasiados fragmentados en sus adentros y pocos entusiastas de sí mismos, añoran sin saberlo una pizca de misericordia que los haga sentirse más realizados y puedan sentir en sus aposentos interiores un sentido global último que los reconcilie con la vida.

Y de vez en cuando miran más allá de las estrellas un Alguien que se haga cercano sin saber con certeza que ese Alguien dormita en su interior y se manifiesta en los prójimos menos convincentes y en los rostros menos evidentes.

Sin la misericordia, el hombre corre en busca de la competencia y entra en la ley de la jungla, dominada por la violencia y la desolación, la desesperanza y el sin sentido.

186-Iglesia peregrina

La Iglesia admite en su más profundo convencimiento la comunión de los santos y la interrelación íntima, sellada en el misterio pascual de Jesucristo, de la Iglesia peregrina, purgante y triunfante.

La Iglesia peregrina, la que caminamos por esta tierra hacia la casa del Padre, reclama continuamente la intercesión continua de la Iglesia triunfante, que en ocasiones acerca hacia nosotros cantidad de dones y gracias derramadas desde el Señor.

La Iglesia purgante espera con ahínco la súplica y la oración de los peregrinos para que la fe y la oración los purifique de sus pecados.

Y la Iglesia triunfante continuamente nos sorprende con algunas manifestaciones misteriosas.

187.- Perdonar una ofensa

Jacinto Benavente ha sido uno de los autores literarios más importantes de nuestra lengua, premio Nobel de Literatura en el año 1922.

Y Jacinto afirmaba con cierta contundencia: "A perdonar sólo se aprende en la vida cuando a nuestra vez hemos necesitado que nos perdonen mucho".

Contemplado el perdón desde el dinamismo interno que nos provoca en nuestra conciencia por algo que hemos cometido, surge la gran exigencia que necesita el ser humano de esta actitud moral de proporciones gigantescas para el desarrollo histórico.

Difícil tarea es la de convencer a un hombre y a una mujer de la importancia del perdón cuando están sumidos en un laberinto de odio y de ira tan fuertes hacia alguien que no soportan las palabras de Cristo: "Se dijo asimismo: Ama a tu prójimo y guarda rencor al enemigo. Pero yo os digo: Amad a vuestros enemigos y rezad por vuestros perseguidores; así seréis hijos de vuestro Padre que está en los cielos, que hace brillar el sol sobre buenos y malos y envía la lluvia sobre justos y pecadores" (Mt 5,43-45).

¡Por favor, en el día de hoy, devuelve bien por mal y haz tuyas estas palabras impresionantes de Cristo, verdadero artífice de la santidad y perfección espiritual del hombre!

188.- Finitud capaz de la infinitud

Karl Rahner fue, sin duda, uno de los teólogos católicos más importantes e influyentes. Sus obras han sido motivo de inspiración para muchos católicos que han querido hacer posible su diálogo con la cultura actual desde unos planteamientos humanistas y cristianos.

Rahner definía al hombre como "la finitud capaz de la infinitud".

El hombre es finito en cuanto a sus capacidades cognoscitivas, emocionales, espirituales y corporales, pero solamente encontrará su sentido último y su comprensión integral desde su apertura al Misterio, desde el cual "el hombre se define como pregunta infinita y Dios como respuesta absoluta".

189.-La experiencia de un converso

Nunca supo realmente cómo fue. De inmediato, la ira que invadía su cuerpo se transformó en un amor apasionado e interesado hacia el Nazareno.

Desde aquel momento le parecía rastrero y poco humano aquel juicio y ataque ideológico hacia todo lo cristiano en nombre de sus creencias judías. Había pasado, de inmediato, casi en minutos, de una violencia mordaz a una compasión hacia todo lo opuesto a sus creencias. Verdaderamente ¿quién era él para convertirse en el juez del mundo si "sólo Dios es el juez de la verdadera grandeza porque El conoce los corazones de los hombres?" (Gandhi).

Supo desde entonces que aquella transformación interna no era algo causal ni una evolución intelectual de natural factura, sino que en ella había acontecido la especial intervención del Dios vivo, misterioso y eternamente Otro.

Hasta entonces las conversiones les parecían lejanas y poco convincentes, pero ahora la vivía en sus propias carnes y en su más íntimo centro. Y jamás dudó de su experiencia íntima en pro de Jesús, el Nazareno.

190.- María, la paralítica

María es una mujer paralítica, tremendamente risueña y existencialmente vitalista. Todos los días agradece a Dios el estar viva y verse rodeada de los suyos.

A todos impresiona la sonrisa gigantesca de María. Su minusvalía física no es índice para no encontrar sentido y gratitud hacia la vida desde Dios.

Descubrimos que estas almas grandes, tan cerca del sufrimiento y tan amigas de los dolores, son estímulos y apoyo en el caminar de muchos, que solamente un dolor de cabeza le hace quejarse día y noche de su amargada existencia.

Gente como María son las que mantienen vivo el rescoldo de la fe y la bondad del hombre, la grandeza de las personas y el crecimiento en el sufrimiento, en ocasiones superando su debilidad.

191.-Las imágenes

En una reunión un joven comentó la belleza y la gran devoción que sentía por una imagen de la Virgen María y por Jesús de Nazaret. Decía que era lo más maravilloso del mundo y que no había otras imágenes como aquellas.

Aquel comentario provocó una tensa discusión pues otro joven del grupo afirmó que las devociones a las imágenes eran fundamentalmente idolatría y superstición.

Una joven afirmó que la devoción a las imágenes en la Iglesia Católica era un medio válido para detener la expansión floreciente de las sectas diversas.

Otro joven sentenció que para mucha gente la conexión con el sentimiento religioso y con la fe cristiana solamente era hecha por medio de las imágenes y la devoción a las mismas, y eso lo consideraba positivo.

Ante tan interesante comentario el catequista sentenció: "Todas vuestras opiniones tienen algo de razón. Realmente la Iglesia Católica admite la devoción a las imágenes pero siempre advirtiendo que no podemos quedarnos en ellas sino que nos acerquen al Misterio y tengamos advertencia del peligro de la idolatría.

Todos necesitamos purificar nuestras motivaciones y debemos concebir que toda imagen deba ser un instrumento que nos ayude a profundizar los misterios de la vida, obras, palabras, pasión, muerte y resurrección de Cristo. Lo importante no es la imagen sino lo que representa y a lo que nos llama, que no es otra casa que cumplir la voluntad de Dios en nuestra vida".

Y todos pidieron a Dios ayuda para profundizar en el tema y mejorar sus motivaciones.

192.- El ayuno que Dios quiere

En una reunión de catequesis el catequista preguntó: ¿Qué significado tiene hoy el ayuno a los ojos de Dios?

Un joven afirmó que el ayuno no tiene sentido alguno en un mundo donde la opulencia y el consumo se han impuesto por doquier.

Otro joven contestó que el ayuno es un signo externo que ha dejado de ser válido para mucha gente porque no han comprendido la intención última de esa práctica que para muchos es sólo un rito vacío y superficial.

Una joven comentó que el ayuno como privación de alimentos es un medio útil para potenciar el dominio interior y remodelar el carácter y la voluntad.

Pero otro joven sugirió: "Creo que el ayuno es más que la simple privación de alimentos y hay que situarlo en un contexto más amplio. He leído un pasaje bíblico magnífico que expresa con gran nitidez el ayuno que Dios quiere: "abrir las prisiones injustas, hacer saltar los cerrojos de los cepos, dejar libres a los oprimidos, romper todos los cepos; partir tu pan con el hambriento, hospedar a los pobres sin techo, vestir al que ves desnudo y no cerrarte a tu propia carne. Entonces romperá tu luz como aurora, enseguida te brotará la carne sana, te abrirá camino la justicia, detrás irá la gloria del Señor" (Is 58, 6-8).

193.-Pedir a gritos

Y dijo el profeta: No te ancles sin desmayo en el egoísmo que rompe los arpegios del amor. Pide a Dios que destruya la hipocresía que trepa como yedra por las paredes del corazón y los muros del mundo.

No te encierres a tu propia carne porque entonces la maldad devorará la inocencia y se anclarán en tu puerto los enemigos del bien.

Pide a gritos que el vendaval divino se acurruque en tu herida y, entonces, de inmediato, sentirás el aroma agradable de unos buenos sentimientos.

No huyas a la fuente donde brota la apariencia y el engaño.

194.-Valle de lágrimas

Cierto día un profesor de religión intentaba comunicar a sus alumnos que la vida en ocasiones es difícil de transitar y tiene muchos recodos donde abunda el sufrimiento. Y sugirió que la piedad popular lo ha transmitido como un "valle de lágrimas" o "una mala noche en una mala posada".

Una alumna se rebelaba abiertamente sobre esta visión, tan pesimista y tan poco entusiasta con la realidad según ella. Y la expresión "Valle de lágrimas" le parecía nefasta y rastrera, poco humana y que le hacía sentirse muy mal.

El profesor repuso: No quiere decir que no haya momentos de felicidad en la vida del hombre, que en ocasiones dura menos de lo esperado, sino que en el caminar de esta historia está cargado de torturas, injusticias y desastres. Es en esta vida cotidiana donde el hombre experimenta el sentido trágico de la misma existencia. Algunos jóvenes les encanta otras expresiones que expresan en el fondo la misma noción de lo trágico de la vida: "la vida es un excremento".

Te insisto que si tengo que elegir entre "Valle de lágrimas" y "la vida es un excremento", tantas veces repetida en las conversaciones cotidianas, sin dudarlo me quedo con Valle de lágrimas.

195.- Que los buenos sean alegres

Cierto día una niña estaba en una misa de niños. El sacerdote invitó para que hicieran peticiones. Y aquella niña levantó la mano derecha, y tímidamente exclamó: "Señor, te pido para que los malos se conviertan en personas buenas y los buenos sean alegres".

La petición de aquella niña le hizo comprender al sacerdote la necesaria urgencia de la bondad y la alegría en el mundo, sobre todo en el ambiente social en el que vivimos, en ocasiones cargados de violencia, odio, recelo y tristeza.

El mundo necesita grandes dosis de alegría para encontrar su verdadera identidad, que no es otro que el amor, el amor místico purificado y creador permanente.

196.-"Tendencia hacia abajo"

Jesús de Nazaret tenía una especial predilección hacia los marginados y una "tendencia hacia abajo".

Algo que constituía un rasgo de su ministerio en su vida pública fue la comida con los pecadores, que tenía una intencionalidad clara: anunciarles el verdadero rostro de Dios y decirles que estaba de su parte.

Estas comidas con los pecadores donde Jesús ejercía de comensal se convirtieron en referente para la primera comunidad cristiana, que desde siempre remitió la "fracción del pan" (Eucaristía) a estas comidas como una de sus fuentes más evidentes.

Las comidas de Jesús con los pecadores y marginados escandalizaban a los "santones y justos de turno", y esa acogida es la que provocaba la conversión y el reencuentro consigo mismos y con Dios.

Ahora, nosotros, auténticos pecadores en la ruta de la vida, se nos pide asistir a la Eucaristía con la misma novedad y misericordia de antaño, al tiempo que nos haga conscientes que desde una actitud de "verdaderos pecadores e indignos de acercarnos al Santo con mayúsculas" podemos alcanzar la misma acogida de Jesús de Nazaret.

197.-Dios se hace el encontradizo

En la historia espiritual de cada persona Dios se hará el encontradizo en situaciones cada vez más insospechadas.

De nada sirve tenerlo todo preconcebido y controlado porque a la hora que menos penséis, de inmediato, vendrá el vendaval del Espíritu y se hospedará en nuestro ego.

No ancles tu corazón en las cosas que te rodean y las posesiones más dispares, porque lo único que conseguirás es sellar el alma con la fuerza del miedo y la inseguridad te hará esconderte en la inhibición y la pasividad.

Te aseguro que en algún momento de tu vida, cuando menos lo esperes, Dios se hará el encontradizo y tu alma con Él será como "dos bailarines en la pista".

198.- Las hormigas

Contempla a las hormigas en una tarde cualquiera. Todas ellas, trabajadoras e incansables, almacenan alimento, en ocasiones portando el doble que su peso real. ¡Y qué sentido de la organización, necesaria e imprescindible para la supervivencia!

Cuando sientas que el cansancio te paraliza, el individualismo te corroe, la pereza te invade mira a las hormigas y verás cómo descubrirás una maravilla de la naturaleza que es más extraordinaria que las estrellas.

El universo posee un orden y unas leyes que les dan su propia capacidad de conservación y su propio eje de desarrollo, impulsado por la fuerza de su origen y la mano invisible de su "creador".

Si algún día quieres crecer en tu amor al trabajo y en la cooperación altruista a la especia misma mira a un hormiguero y, entonces, con espíritu de conversión, te elevarás por encima de ti misma hacia la perfección desde el amor al trabajo.

199.-La dimensión religiosa integradora

Frente a una cultura que tiende a la fragmentación del saber y a la desintegración del equilibrio humano, la dimensión religiosa aporta en el creyente una dimensión integradora que aúna todos los acontecimientos y dimensiones en un "sustento fundamental de la existencia", enclavado en la búsqueda de sentido último de la existencia.

Frente a una cultura sin memoria y satisfecha de la fugacidad de los ideales y los "ritmos culturales", propensos a desequilibrios psicológicos, la dimensión religiosa añade en el creyente un valor de historicidad y la temporalidad adecuadas para sentirse miembro de una historia que tiene un origen y meta, un tránsito seguro y unos orígenes adecuados.

Frente a una cultura que ha reducido la verdad a pura opinión y a relegar a las grandes utopías en pro de la libertad de opinión, la dimensión religiosa y trascendente se convierte en una antorcha inestimable que postula una exigencia de cohesión con el Misterio, único artífice de la integración en cimientos seguros.

200.- Dios quiere ser servido en los pobres

Hay lugares en el corazón que sólo pueden ser descubiertos en contacto con la pobreza y con los pobres.

Verdaderamente Dios quiere ser servido en sus pobres, y nos invita a mirar "la realidad desde abajo" porque "el Sur también existe", y solamente en contacto con la pobreza la memoria no omite ningún recuerdo.

San Vicente de Paul afirmaba con la contundencia que da la experiencia y el testimonio coherente que "los pobres son nuestros señores".

Nunca olvidemos que la pobreza es el rostro sufriente de Cristo que quiere ser amado y servido en los pobres, que nos recuerdan que los monstruos del sistema capitalista dejan a muchas masas en las garras de la miseria y la hambruna.

Seremos reengendrados en la caridad cuando no miremos con horror el drama del hambre y descubramos que Dios nos pide descubrirlo entre los pobres: "Venid, benditos de mi Padre; heredad el reino preparado para vosotros desde la creación del mundo. Porque tuve hambre y me disteis de comer, tuve sed y me disteis de beber, fui extranjero y me recogisteis, estuve desnudo y me vestisteis, enfermo y me visitasteis, estuve en la cárcel y fuisteis a verme" (Mt 25,34ª-36).

201.-Valor redentor del sufrimiento

Jesucristo no elimina el dolor pero le da una iluminación distinta desde su vida, sus palabras, sus obras, su pasión, muerte y resurrección.

Gran consuelo tiene para nosotros esta llamada a integrar nuestros dolores y sufrimientos en la vida de
Jesucristo, que San Alfonso María de Ligorio advertía: "Fija tu mirada en Jesús crucificado y nunca te quejarás"

Si en algún momento has deseado vivir la vida desde la lejanía de Cristo no olvides que tu sufrimiento quedará sin remitente y te ahogarás en tu propia pena sin nada que objetar ni nada que temblar.

202.- El lenguaje del corazón

Y dijo el profeta: El lenguaje del corazón es el único que redime al hombre de la carga de la sospecha y la huella de la caducidad. Solamente la mirada interior puede hacernos ver en el otro al hermano que necesita de afecto, la sonrisa que requiere un receptor, el pobre que reclama un ramillete de cariño. Este lenguaje es el único capaz de romper la monotonía de una vida y la sospecha más ciega.

Muchos hombres y mujeres deambulan día y noche sin que nadie les hable al corazón y solamente descubren unos labios que les hablan de dinero, de la cotización de la bolsa, del final de una novela, de la ropa y los muebles, de los problemas de los hijos... pero jamás encuentran un ser humano que les haga emocionarse por entero consigo mismo y los lance hacia el futuro caldeando su espíritu.

El lenguaje del corazón es el único capaz de ver con los ojos del amor, que son invisibles en ocasiones, y piden al hombre mismo una pizca de compasión y un ramillete de ilusiones.

Si hallas en tu vida este lenguaje del corazón da gracias a la vida en tu interior, sin mucho ruido, y desde esa gratitud encontrarás que de vez en cuando lo mejor se da en dosis pequeñas, e incluso pasajeras, pero que su eco permanecerá tanto como dure tu vida entera.

203.- Los teólogos de la muerte de Dios

Los teólogos de la muerte de Dios intentaban mantener intacto el mensaje de Jesús en una cultura que había instalado sus anclas en el ateísmo y en la increencia. Y desnudaron de trascendencia todo el discurso evangélico y todos los libros bíblicos, desmitologizando páginas gloriosas a favor del hombre y reclamando la caridad como única manera de ejercer la identidad cristiana en el siglo XX.

Y la fe volvió a reducirse a lenguaje, a sentimiento, y en medio de tantos bombardeos racionales de la cultura dominante intentó esconderse en el único refugio seguro que le quedaba, el corazón.

Pero no llegó la muerte de Dios a nivel conceptual y la existencia conflictiva del hombre reclama un Alguien que dé sentido global al final del camino y dé aliento a sus convicciones en la confusión del trayecto.

Los teólogos de la muerte de Dios renegaron de Dios para acercarse al hombre, pero el hombre mismo pidió a gritos, en nombre de la escatología y la teleología, la existencia de ese Dios que pudiera dar razón última a las grandes cuestiones filosóficas y dar un sustento a la dimensión moral de la persona.

Y hoy los teólogos jamás cuestionan a Dios si no es en prejuicio de todo el edificio teológico y de la misma confianza en el hombre.

204.- Salir en busca de las ovejas perdidas

En una ocasión un catequista comentó en la escuela de catequistas de su Parroquia: "Jesús intentaba acercarse en todo momento a los marginados y alejados de la ley y del templo, a los hombres y mujeres de su pueblo, sobre todo a los pobres, y eso es lo que tenemos que hacer la Iglesia. La Iglesia tiene que hacerse la encontradiza con los alejados, con los que no vienen, y no solamente cuidar a los que vienen al templo. La Iglesia tiene que tener más impulso misionero en este tiempo que nos ha tocado vivir.

El Buen Pastor dejó las 99 ovejas en el redil y fue en busca de la oveja perdida, y hoy, en esta coyuntura histórica, la Iglesia debe de ir hacia las 99 que están fuera y no cuidar solamente a la oveja que está dentro.

A todos nos falta recuperar la dimensión misionera y la ilusión por el evangelio, la ilusión y el gancho de los primeros siglos del Cristianismo y la fuerza espiritual necesaria para convencer al hombre de hoy que Jesús es la mejor noticia que puede iluminar totalmente nuestra conflictiva existencia".

Y aquel catequista alentaba con su vida el clamor de una nueva evangelización con nuevos métodos y con el calor del Espíritu.

205.-El camino de un seguimiento

En el camino del seguimiento de Cristo no hay que poner el acento en el esfuerzo voluntarista para buscar la perfección, limando asperezas y pecados, sino la iniciativa amorosa y libérrima de Dios que sale al encuentro del hombre para atraerlo hacia sí.

La fuerza no radica en buscar, con nuestra propia voluntad, los diversos caminos de la plenitud, en ocasiones distante y lejana, sino en la apertura dócil al Espíritu.

Dios sale al encuentro del hombre, alcanzando su punto máximo en Jesucristo, que lo llama a la santidad y a la perfección.

En definitiva, nunca conseguiremos por nuestro esfuerzo alcanzar la vida perfecta de Dios, si no es desde la apertura incondicional al Espíritu.

206.- La búsqueda de Jesús de Nazaret

Nuestra fe tiene que ser necesariamente cristológica, fundamentada en Jesucristo, muerto y resucitado. Y este reto bien merece toda una vida abierta enteramente al encuentro, al auténtico Cristo que caminó por los campos de Palestina y llamó dichosos a los pacíficos.

La exégesis hacia la búsqueda del Jesús de Nazaret ha pasado por diversas etapas. Podemos resumirlas en cuatro: la primera, ¡ya lo sabemos todo de Jesús al menos lo que hemos de saber!; la segunda, ¡No necesitamos saber nada de Jesús!; la tercera, ¡Podemos saber algo de Jesús! ; Y la cuarta, la actual, ¡Necesitamos saber algo de Jesús!

Y esta última es la más equilibrada y la más auténtica, la que afirma que el encuentro cristológico es que marca el palpitar existencial del corazón y la llama auténtica de toda una vida. Es la única que afirma sin ambigüedad que el material evangélico es testimonio de creyentes para creyentes, aunque reconociendo que la materia prima que utilizan los autores es de primera mano y tiene una base histórica.

207.-Un buen educador de los jóvenes

Un profesor había quedado sorprendido del mal comportamiento de una alumna, tremendamente nerviosa y desobediente. Esta alumna estaba molestando a los demás y sacaba al profesor de sus casillas.

El profesor inquieto y nervioso se dirigió hacia aquella alumna y le gritó: "Tienes tres males: el primero, que has puesto un candado en tu cerebro para que no entre nada; el segundo, que tienes la vergüenza en los zapatos, y el tercero, la educación en el armario de tu casa".

Al final de la jornada, cuando aquel profesor cristiano meditó en su examen de conciencia todas las acciones, palabras, obras y omisiones reconoció que le había faltado la paciencia suficiente para comprender a esta alumna, la caridad necesaria para aceptarla en su rebeldía y la madurez adecuada para dominar la situación.

208.-El padre del ateísmo contemporáneo

Ludwig Feuerbach nació en Landshut (Baviera) en el año 1804 y murió en el año 1872. Fue discípulo de Hegel en su juventud y evolucionó hacia una concepción antropológica de la filosofía. Está considerado como el padre del ateísmo contemporáneo.

Afirma que hay que acabar con la religión para que el hombre pueda ser realmente él mismo y no proyectar la conciencia humana en una creación de la imaginación del hombre, "Dios", al que le añade los atributos y predicados del propio hombre.

Pero este planteamiento, tan influyente en sus argumentaciones y la base de otros autores posteriores, no supera la primera sospecha filosófica: ¿Acaso la dimensión religiosa, universal desde que el hombre camina por este planeta, no es un signo evidente de la sed de eternidad que llevamos dentro? ¿Acaso un mundo sin religión y sin Dios lleva al hombre a encontrar su lado más auténtico? ¿Acaso la sed de sentido global en la vida humana no es un signo de la existencia de Dios, el Totalmente Otro? ¿Afirmar que el hombre proyecta lo mejor de sí en Dios no es un reclamo para alentar lo religioso y una certeza de que el hombre participa de la naturaleza de Dios?

209.-La auténtica relación

Pablo VI comentaba con una evidencia rotunda: "Antes de hablar, es preciso escuchar la voz, y, sobre todo, el corazón del hombre, comprenderlo y respetarlo en lo posible y, cuando merezca la pena, seguirlo. El clima del diálogo es la amistad y, mejor aún, el servicio".

¡Qué bellamente expresó el Papa los procesos de una auténtica relación!

Antes de hablar y compartir inquietudes es necesario escuchar lo que el otro dice y qué significado tienen sus palabras.

Después comprender que estas palabras brotan de una persona con sentimientos y con una vida que palpita y suspira, y que se estremece en el camino.

En este día, por favor, vive las palabras gigantescas del Papa Pablo VI y serás una bendición para la humanidad.

210.- Dadle siempre la razón

En cierta ocasión un profesor tuvo problemas con sus alumnos en una clase. No sabía imponer su autoridad y los alumnos se habían rebelado contra él.

Los alumnos fueron a casa y se lo comentaron a sus padres, esperando unas palabras de aceptación y confirmación de sus tesis.

Algunos padres fueron a quejarse al director del colegio, pidiendo responsabilidad por el mal trato a sus hijos. Pero otros padres convocaron una reunión urgente en el Salón de actos para todos los profesores y alumnos del colegio, y exigieron a sus hijos pedir perdón públicamente al profesor, haciéndole prometer que jamás se repetirían tales incidentes.

Y desde entonces se acabaron los incidentes de aquellos alumnos con el profesor.

Bien supieron aquellos padres que si quieren hacer de sus hijos unos sirvengüerzas solamente tienen que "darle siempre la razón; son los profesores, la gente, la ley, quienes la tienen tomado con el pobre muchacho" y que "nunca le digan esto está mal. Podría adquirir complejos de culpabilidad".

Años más tarde aquellos hijos agradecieron a sus padres aquella decisión que los puso en evidencia ante los demás pero que los hizo despertar tremendamente.

211.-El don de la corrección

Martín García afirmaba brillantemente: "El que reconoce que se ha equivocado, puede corregirse".

Esta simple sentencia es tan contundente que es considerada como el primer artículo de los tratamientos de ayuda en enfermedades tan importantes como la ludopatía, el alcoholismo y la drogadicción, y el factor determinante de curación en patologías varias.

Y nosotros, pequeños hombres y mujeres en el caminar de esta vida, tenemos que asumir este veredicto como un planteamiento urgente y necesario, si queremos que nuestra existencia vaya por sendas auténticas de autenticidad y de bondad.

212.- Vivir en humildad

En el cuento de Blancanieves y los siete enanitos, la madrastra era presumida y creía en su orgullo que no había nadie en el mundo tan bella e inteligente como ella. Quedó herida en su ego cuando descubrió que había otra más atractiva y la envidia más atroz la poseyó. Y decidió acabar con Blancanieves.

Y esa mirada orgullosa y rabiosamente soberbia es, en el fondo, la que nos envuelve a todos, desde el más chico al más grande.

La exigencia evangélica a vivir la humildad brota en toda su extensión como una urgencia en el seguimiento del discípulo de Cristo. Y la humildad es vivir en verdad.

Para vivir en verdad es necesaria la corrección fraterna. La apertura al otro lleva necesariamente grandes dosis de purificación y de revisión para así purificar nuestras actitudes y conductas, palabras y sentimientos, proyectos y omisiones.

Y qué difícil es abrirse a la corrección fraterna. Cuando alguien nos critica nuestra primera reacción, en la mayor parte de las veces, es el malestar hacia esa persona y nuestra reacción negativa la que prevalece, pero no olvidemos que sin esta corrección muchas dimensiones existenciales quedarán ocultas y seremos como la madrastra repelente, ensimismada en su ego y engañándose a sí misma en su orgullo.

213.-El trabajo bien hecho

Una guía turística visitaba con un grupo de turistas una gran catedral gótica de CentroEuropa. Comentaba con pasión cada detalle de la misma e hizo un magnífico comentario: "El artista gótico buscaba la gloria de Dios y no solamente la alabanza de los hombres. Creía firmemente que la obra bien hecha es grata a Dios y se esmeraba no solamente en los lugares más visibles, sino especialmente en los rincones menos visibles y más recónditos".

¡Qué gran don esta visión del trabajo bien hecho como una ofrenda agradable a Dios frente a una concepción de la chapuza y del trabajo con poca profesionalidad que se han impuesto por doquier en nuestra sociedad!

214.- Dios es purificado en nuestra alma

Y dijo el profeta: Dios es purificado en el más profundo centro del alma. Un rasgo de Dios es su inmutabilidad, pero la vida del que cree cambia muy a menudo y se percibe de manera diferente en el transcurso de la existencia.

La creencia en Dios es personal y contemplada desde perspectivas muy existenciales y radicalmente psicológicas, pero la fe tiene que ser purificada por la sospecha más honda que es potenciada por "nuestro ateo interior" que nos lanza los interrogantes más hirientes y el clamor más intenso.

No tengáis miedo a esa sospecha interna que pone en cuestión hasta los más diminutos cimientos y cuestiona la misma fidelidad a un credo, porque la fe y la sospecha brotan de una misma fuente interior. Y lo que un día es motivo de confianza, mañana será causa de desconfianza.

Y es en tu espíritu donde el seguimiento y la fidelidad al Misterio se forjan y se purifican sin remedio, porque bien sabemos que cuando se desmorone de tu cabeza y de tu existencia un "dios" lo único que puede comprender es que ha sido destruido afortunadamente una imagen falsa del Dios invisible y sorprendente, fascinante y tremendum, pleno y absolutamente otro. Efectivamente, Dios es purificado en nuestra alma y desvelado en el silencio.

215.- El ideal de toda una vida

Toda la vida de Jesús gira en torno a dos grandes ideales y motivaciones. Por un lado, cumplir la voluntad del Padre y comunicarla a los demás; y, por otro lado, trabajar para realizar la misión que Dios le había encomendado: anunciar a todas las personas la Buena Noticia del Reino.

Bien sabía que la grandeza del seguimiento radica en cumplir la voluntad del Padre, que en el fondo es la realización de su proyecto salvífico del "cielo nuevo y la tierra nueva". Y todo eso conlleva acercarse a un "discernimiento del Espíritu" descubriendo desde un camino negativo aquello que no es la voluntad de Dios.

216.-Los rasgos de Jesús de Nazaret

En una reunión de catequesis un catequista preguntó qué rasgo de Jesús era el más admirado por los hombres y mujeres de hoy.

Un joven comentó que su acogida y cercanía con los pecadores y pobres de su tiempo era el rasgo que más admira el hombre actual.

Otro joven subrayó que su cualidad más auténtica era la de utilizar un lenguaje cotidiano y popular para expresar los grandes misterios del Reino de Dios.

Otro joven sugirió que lo más impresionante de Jesús fue la relación íntima con Dios Padre y su imagen de un Dios misericordioso y compasivo, tierno y cercano, que no desentonaba en la fiesta ni en la vida de la gente.

Una joven relató que lo más fantástico de Jesús era su equilibrio personal para no dejarse entusiasmar por los elogios de los suyos y el desprecio de sus enemigos.

Pero otro joven comentó: lo que más admiro de Jesús fue su descarada libertad y este rasgo se concretó en su relación con sus amigos, autoridades religiosas y políticas, familia y tradiciones, etc. En definitiva, la libertad es la dimensión que más valoro y el que más admira el mundo de hoy.

217.-Pasó haciendo el bien

Un día se acercó un hombre mendigo a una Iglesia, saludó al sacerdote y le comentó: "No sé si usted se acordará de mí pero hace unos meses pasé por aquí. Usted me dio de su propio ropero camisas, calcetines, ropa interior y pañuelos. Ese gesto no lo olvidaré mientras viva. He pasado por aquí y he venido a saludarle. Es usted una buena persona. El mundo necesita de un vendaval de bondad y acogida con los pobres".

Aquel sacerdote se sintió sobrecogido por aquella experiencia y dio gracias a Dios por haber puesto en su corazón deseos de compasión y la capacidad de hacer el bien. Y recordó que Jesús de Nazaret "pasó por el mundo haciendo el bien".

218.-El auténtico culto eucarístico

Para celebrar el auténtico culto eucarístico es necesario tomar conciencia de nuestra condición de discípulos y seguidores de Jesucristo, muerto y resucitado.

El auténtico seguidor de Jesucristo está convencido de que solamente la vida puede convertirse en culto agradable al Dios de Jesucristo, y esa ofrenda agradable a Dios pasa por tres cualidades básicas en la celebración de la fe: consciente, activa y piadosa.

Solamente si nuestra presencia es consciente de la verdadera entrega sacrificial de Cristo en la eucaristía, es posible hablar que hay una colaboración humana con ella, una colaboración hecha desde la libertad, la disponibilidad y la obediencia.

Solamente si nuestra presencia es activa será posible contemplar la verificación de la entrega a Dios, hecha diálogo salvífico para cada uno de los creyentes que toman conciencia de su pequeñez frente al Misterio.

Solamente si nuestra presencia es piadosa es posible sentir radicalmente el vaciamiento y la expropiación de Cristo a favor de la vida entera del creyente.

219.-El centro del tiempo

El teólogo Hans Conzelman escribió un libro que se convirtió en remitente para muchos: "El centro del tiempo. La Teología de Lucas".

En este libro, Conzelman afirmaba que "la historia de la salvación se desarrolla en tres eslabones en la obra lucana: el tiempo de Israel: el tiempo de la actuación de Jesús; el tiempo que corre a partir de la exaltación del Señor que transcurre a lo largo de la permanencia de la Iglesia en la tierra, durante la cual se exige la virtud de la parusía Pues la Iglesia es perseguida en el mundo y tales padecimientos son reconocidos como puestos por Dios, más al recibir al Espíritu, la Iglesia ha sido aprestada para que pueda sobrellevar la persecución".

¡Maravilloso itinerario de la historia de la salvación que ha llevado a su plenitud en Jesucristo y que nos alcanza a nosotros en el momento presente!

220.- Momentos realmente confusos

En una ocasión un joven comentó desencantado: "Vivimos un momento realmente confuso. Antes yo bebía de la fuente y me alimentaba espiritualmente en el ámbito de la Iglesia.

La Iglesia era un recinto donde el alma buscaba un sentido global último y unas palabras adecuadas para mi agitada existencia.

Y ahora, después de unas negativas circunstancias y al contacto con unas palabras de Iglesia concretos, esa fuente, de la que tanto bebí, está seca.

En este momento crítico he intentado volver a saborear aquellas experiencias diáfanas y vinculantes, ciertas y conmovedoras, pero me es imposible.

Estoy firmemente convencido en mi interior que rescatar el pasado es una evasión, un escape a tan dolorosa experiencia"

Años más tarde aquel joven superó aquella crisis espiritual y lo que realmente lo liberó fue volver hacia aquellas experiencias religiosas de antaño y a la memoria intensa de su historia concreta, en ocasiones entre la duda y la sospecha, pero siempre en el camino salvífico de la fe.

221.-La transformación eucarística de los creyentes

Es necesario que hagamos una progresiva transformación eucarística de la vida de los creyentes en Cristo. Solamente la vida concreta y real, histórica y entregada, puede ser celebrada, y solamente la celebración auténtica puede llevarse a la vida.

Verdaderamente la eucaristía es el "culmen de la vida cristiana" pero no hay culmen si no hay una vida que culmine.

No puede haber divorcio entre la vida y la eucaristía, el compromiso social y la celebración litúrgica, so pena de fragmentar la vida cristiana.

El verdadero culto se integra en la vida, en la fidelidad a la alianza, en la promoción y el compromiso.

El culto y la vida son dos caras de una misma moneda. Ambos verifican la entrega a Dios, ya que el culto auténtico encarna al hombre en la verdadera historia, no ajena a la historia de salvación.

222.-La debilidad humana

Un matrimonio joven, creyentes y cristianos practicantes, conversaba con otros amigos acerca de la poca idoneidad y el poco testimonio cristiano de algunos hombres y mujeres de Iglesia.

Un miembro del grupo afirmó que aquellos escándalos y el poco testimonio eran situaciones de una bajeza humana y de una más que abundante mundanización de la Iglesia.

Pero aquel matrimonio repuso que no todo en la Iglesia debe ser valorado y contemplado desde unas dimensiones humanas y sociales. Que en la evangelización el verdadero protagonista es Dios. Dios se vale de las debilidades humanas y de personas mediocres para manifestar su gloria.

Y subrayaron con toda la fuerza posible que la debilidad humana, también las suyas, entran en el plan de Dios y si quisiera el Señor prescindir de los mediocres lo haría con la mayor facilidad del mundo.

Y al final de aquella conversación descubrieron todos que era necesario mirar a la Iglesia como una institución divina y humana al mismo tiempo.

223.-La dignidad de la mujer

El Papa Juan XXIII declaraba en la encíclica "Pacem in Terris" un alegato a favor de la mujer: "La mujer, cada vez más consciente de su dignidad humana, no tolera ser considerada como un instrumento, sino que exige que se le trate como persona, tanto en el hogar como en la vida pública".

¡Magnífico reclamo del Papa bueno a favor de la mujer y la llamada urgente para tratar a la mujer como persona y no simplemente como un instrumento ni un objeto de placer!

Sería bueno que le pidiéramos a Dios que nos conceda el don de valorar a la mujer y el juicio justo para llevarla hacia las cuotas más plenas de respeto y dignidad.

224.-Una actitud nueva ante la riqueza

Jesús de Nazaret nos invita a tener una actitud desprendida que haga relativizar nuestro apego ante la riqueza.

Frente a un mundo en el que se valora el dinero y presume del lema "tanto tienes, tanto vales", Jesús nos advierte: "No amontonéis riquezas en la tierra, donde se echan a perder, porque la polilla y el moho las destruyen, y donde los ladrones asaltan y roban. Acumulad tesoros en el cielo donde no se echan a perder, la polilla o el moho no los destruyen, ni hay ladrones que asaltan o roban. Pues donde están tus riquezas estará también tu corazón" (Mt 6,19-21).

Mientras Jesús nos llama a tener una actitud nueva y sorprendente frente a las riquezas, ellas nos poseen interiormente y atraen nuestro corazón hacia ellas con pasiones, en ocasiones desajustadas y mordaces.

225.- De la misma fuente

Golda Meir afirmaba que "los que no saben llorar con todo su corazón, tampoco saben reír".

Bien sabía Golda que las lágrimas y la risa provienen en el fondo de la misma fuente.

Descubrimos en el palpitar de la vida que lo mismo que en un momento nos producen alegría poco después nos generará tristeza.

En las relaciones humanas lo único que va a transformarnos humanamente es contemplar a un ser humano más allá del rol que ejerce en la sociedad, asumiendo que detrás de cada apariencia y rostro se esconde un corazón necesitado de amor y suspirando consuelo.

Sin esta palpitar existencial que nos lleva radiantes a satisfacer nuestra necesidad de comunicación y nuestra dimensión más profunda, el hombre se ancla en las redes del egoísmo, la insolidaridad y el vacío y lo único que encuentra es la vena más brutal de la humanidad.

226.-No vivas por encima de tus posibilidades

Y dijo el profeta: "A veces nuestra vida y nuestras relaciones humanas están lejos del sentido común. Y en el fondo lo razonable no está lejos de la sensatez.

Hay un lema tan sencillo y tan contundente que por su clara evidencia no siempre se experimenta en todas las dimensiones de la vida: "No vivas por encima de tus posibilidades".

Esta sociedad nuestra, tan poco dada al equilibrio, generadora de muchas frustraciones nos entusiasma con sensaciones nuevas y nos bombardea con campañas gigantescas de consumo, atrapándonos en sus redes con pasiones incontroladas.

Jesús de Nazaret advertía brillantemente: "cuando uno de vosotros quiere construir una casa en el campo, ¿acaso no comienza por sentarse a calcular los gastos, para ver si tiene con qué terminar? Porque, si pone los cimientos y después no puede acabar la casa, todos los que la vean se burlarán de él y dirán: "Ahí tenéis a un hombre que comenzó a construir y fue incapaz de concluir". O ¿qué rey, que sale a enfrentarse contra otro rey, no se sienta antes y delibera si con diez mil puede salir al paso del que viene contra él con veinte mil? Y si no, cuando está todavía lejos, envía una embajada para pedir condiciones de paz" (Lc 14,28-32).

227.-El arte sencillo de vivir juntos como hermanos

Martín Luter King ha sido uno de los hombres más carismáticos de la reciente historia de los Estados Unidos. Él abogaba por la no-violencia y la resistencia activa como caminos para alcanzar una sociedad cada día más fraterna y equitativa, libre y justa, ajena a la discriminación racial e igualitaria en sus principios.

Y Martín afirmaba: "Hemos aprendido a volar como los pájaros, a nadar como los peces, pero no hemos alcanzado el sencillo arte de vivir juntos como hermanos".

¡Desesperanzador diagnóstico de Martín que nos recuerda que si bien hemos alcanzado grandes metas en el ámbito científico aún no hemos cubierto el más mínimo itinerario a favor de la fraternidad y las buenas relaciones entre los hombres!

228.-Preparados para la muerte

Un sacerdote recordaba a unos jóvenes que había que estar preparados para la muerte, que podía hacerse encontradiza en cualquier momento y circunstancias.

En ese momento Maite, una joven alumna, se rebeló abiertamente ante aquella declaración, alegando que para ella lo importante era pasarlo bien y divertirse, y que le parecía terrible acordarse en todo momento de la muerte.

El sacerdote le sugirió abiertamente: "El estar preparados para la muerte no quiere decir que no te diviertas y lo pases bien, sino que "tienes que tener preparadas las maletas", o dicho de otro modo, no olvidarte que la muerte se puede hacer encontradiza en el caminar de tu vida.

Muchos sociólogos alertan de lo perjudicial que es para una sociedad olvidarse de la muerte porque entonces los ciudadanos se anclan en lo finito con bastante facilidad y en valores de caducidad".

229.-La Queja

El creyente de hoy quiere saber qué respaldo teológico tiene su queja y sus preguntas existenciales en la historia de la salvación y en su camino de fe.

Cuando el sufrimiento y la desgracia se anclan en nuestro alrededor y se muestran con toda su crudeza en personas que son "alguien para nosotros", brota en los arpegios del alma un designio emocional difícil de contener.

Pero también en esta tortuosa andadura el creyente necesita buscar un Remitente que le haga soportable su vida.

Bien es cierto que nada puede acallar el grito silencioso que brota en las periferias del alma en contacto con el sufrimiento, pero la brisa divina se acurruca sin saberlo en nuestros aposentos, en ocasiones disfrazada de "tormenta".

Descubre que los arpegios del alma tocan su melodía, bien sea desde la alabanza o bien desde la queja, cuando a la hora más inesperada se acercan a sus orillas la huella de Dios, en ocasiones invisible y callado.

230.-Rechazo hacia todo lo extranjero

Un joven era racista y no admitía a gente que fuere de otra raza ni color. Se había integrado en una patrulla de inspiración nazis y en muchas ocasiones había amenazado a gente que no pensaba como él, llegando incluso a torturar a unos jóvenes magrebíes.

Un profesor le sugirió que debía tener una actitud no beligerante y tolerante con todos y que debía comprender que en una sociedad plural y democrática había sitio para todos.

El joven le manifestó que todos los extranjeros eran basura, que había que echarlos del país y que jamás cambiaría de opinión.

El profesor le comentó: "Debes creer en el poder del amor y no anclar en tu corazón deseos de venganza y de odio. El otro día leí algo que te puede ayudar a comprender que pertenecemos a un mundo con múltiples relaciones y que tú eres parte de un todo: "Tu Cristo es judío; tu coche, japonés; tu pizza, italiana; tu democracia, griega; tu café es brasileño; tus cifras son árabes; tu escritura, latina. Y tu vecino, ¿un despreciable extranjero?"

Aquellas palabras le hicieron comprender que no podía hablar tan a la ligera de la marginación hacia todo lo extranjero.

231.- La paciencia todo lo alcanza

La vida nos hace comprender que la paciencia es la única arma capaz de ayudarnos a alcanzar la meta y nuestros múltiples objetivos existenciales.

El ser humano tiene en torno a sí la impaciencia como actitud y la misma impaciencia le hace vivir con prisas, estrés, sobresaltos y desconcierto.

Santa Teresa de Jesús supo de la importancia de esta virtud en su vida como mujer y como creyente cuando afirmaba: "Nada te turbe, nada te espante. Quién a Dios tiene nada le falta. Nada te turbe, nada te espante, sólo Dios basta. La paciencia todo lo alcanza".

Hoy todos reclamamos la paciencia como una gran virtud que adorne nuestra personalidad.

232.-Hacer lo que se debe como cristiano

Bartolomé de las Casas es uno de los hombres más importantes en la evangelización de América del Sur y su nombre está escrito en letras grandes por su defensa de los indios frente a los abusos de los colonizadores españoles.

Su labor liberadora y promotora a favor de los nativos de las nuevas tierras no estuvo exenta de dificultades, malentendidos y persecuciones, pero Bartolomé decía con entusiasmo: "Padre, yo probaré todos los caminos que pueda y haré todos los trabajos que se me ofrezcan para alcanzar al fin todo lo que he comenzado: defender a los indios sacándolos de la opresión que padecen. Espero que nuestro Señor me escuche. Y si no alcanzo este fin, habré hecho lo que debía como cristiano".

¡Magnífico comentario de Bartolomé de las Casas que creía con todas sus fuerzas en la defensa del ser humano, sobre todo de los marginados y desheredados de la tierra, aún cuando las dificultades florecían por doquier y pedía al Señor que jamás entrara en él la desolación y la desesperanza!

¡Maravilloso ejemplo de Bartolomé que comprendía sin más que aquella ingente labor misionera en el fondo no era nada más y nada menos que lo que tenía que hacer, sin esperar agradecimiento y agradecimiento de los favores!

Recuerda que tú también estás llamado a promocionar al ser humano y que eso es "lo que tenías que hacer" sin esperar agradecimientos de los que te rodean.

233.-Las riquezas

La riqueza genera en el hombre un apego del corazón hacia las posesiones con tal intensidad que le hace anclarse en el egoísmo más primario y en la mediocridad más intensa.

Muchos hombres y mujeres andan destrozados en su más íntimo centro y simplemente ocultan sus vergüenzas con dinero y joyas, y piden a gritos que pasen de largo la enfermedad, la crisis económica y la muerte.

¡Cómo resuenan las palabras de Cristo: "No andéis preocupados por vuestra vida, qué comeréis, ni por vuestro cuerpo, con qué os vestiréis! ¿No vale más la vida que el alimento y el cuerpo más que el vestido? Mirad las aves del cielo: no siembran, ni cosechan, ni recogen en graneros; y vuestro Padre celestial las alimenta... Buscad primero su Reino y su justicia, y todas esas cosas se os darán por añadidura. Así que no os preocupéis del mañana: el mañana se preocupará de sí mismo. Cada día tiene bastante con su propio mal" (Mt 6,25-34).

234.-Dios ha muerto

En un país lejano un verdugo publicó un edicto: "queda decretado que nadie crea en Dios. Se prohíbe asistir a los templos y estos lugares serán convertidos en mercados, salas de recreo y bancos.

Desde hoy queda prohibido que los hombres suspiren un futuro mejor y el clamor de la esperanza. Nadie tendrá derecho a quejarse de su pena y su sufrimiento. Nadie anclará sus sueños más allá de lo inmanente y todo aquel que nombre a Dios será considerado como enemigo público y desprecio de la raza humana.

Queda decretado que el vacío existencial se imponga como norma y que desaparezca del lenguaje cotidiano el nombre de Dios. Queda decretado que Dios ha muerto y nadie pronunciará su nombre en esta tierra so pena de ser expulsado de ella".

Y cuentan que muchos hombres y mujeres, en el silencio de la noche, dudaban de su increencia y rezaban sin palabras al Dios de sus padres. Y jamás pudo ser abolida totalmente la creencia en un Dios por la fuerza.

235.- Jesús no era un ingenuo

Un hombre sugirió que Jesús de Nazaret era un ingenuo y que le faltó vivir unos pocos años más para comprender a las personas. Su ingenuidad, según este hombre, radicaba en su confianza en las personas que le rodeaban y que pedía a la gente más de lo que podían dar. Además, creyó que podía cambiar el mundo y a la sociedad. Pidió actitudes que rayan en lo sublime y que nadie, ni siquiera sus mejores seguidores, podían realizar.

Este comentario fue contestado por un amigo suyo, que era un creyente comprometido: "No hay constancia de que Jesús fuera un ingenuo y si no lo era sabía perfectamente que presagiaban su muerte.

Su descarada libertad, su cercanía con los pecadores, su crítica al templo como mediación válida hacia Dios, su relativización del sábado a favor del hombre, su pretendida autoridad que rectificaba la ley de Moisés, su confianza en Dios a quien llamaba cariñosamente Abba (papaíto), su proclamación como Mesías de Israel, su independencia hacia los grandes grupos religiosos de su tiempo... Todo ello fueron motivos que llevaron a la muerte a Jesús y "su tiempo le pasó la factura".

Jesús no era un ingenuo y a pesar de todas las traiciones y negaciones, ataques y amenazas, creía en el hombre como la imagen auténtica de Dios. No creo que creer en la humanidad sea un signo de ingenuidad sino un signo de esperanza y la exigencia de una nueva humanidad reconciliada en el amor.

236.-El depósito memorial de la fe

La fe tiene una vertiente histórica y un depósito memorial que le hace salir de su tentación permanente: ser reducida a puro sentimiento y anclarse en el subjetivismo de la experiencia individual.

El remitente perpetuo y principal de la fe no es otro que Dios, manifestado desde categorías de espacio y tiempo, aunque El mismo esté más allá de estas categorías.

Cuando la fe se ancla en estructuras demasiado individualistas y experienciales, surge un abandono de la exigencia misma de la fe, la vuelta a las fuentes, y se apodera de ella un monstruo devastador que va minando como la nada al país de la fantasía en la bella novela "La Historia Interminable".

Sin contenido la fe corre el riesgo de ser reducida a nada y perder la fuerza del razonamiento y el valor de la narración.

Lejos quedan tiempos donde la cuestión de un pilar o artículo de la fe era condenada con la pena de muerte, pero sin lugar a dudas la misma estructura religiosa posee sus propios métodos de salvaguarda y sus dinamismos de condena.

Aunque hay todavía grandes ideólogos de la reducción religiosa, en el clamor del consenso actual se ha recuperado la fuerza del contenido y la exigencia del memorial dentro de la propia convicción religiosa.

237.- El gran seductor

Jesús de Nazaret era un seductor que atraía a la gente con su palabra, sus gestos, su vida, y, sobre todo, con su mirada.

Está convencido que "quien no comprende una mirada, tampoco comprenderá una larga explicación" (proverbio árabe).

¿Acaso crees que lo que transformó a la mujer adúltera fueron sus palabras? ¡No! Lo que verdaderamente la hizo liberarse y redimirse de su experiencia pasada fue la mirada cautivadora y compasiva de Jesús.

Y aquí estamos nosotros, reclamando al menos una mirada trascendente que nos reconcilie con la vida y con los otros.

238.-Diferencia cuantitativa del hombre

Y dijo el profeta: "La vida es, en ocasiones, un enigma en esta historia nuestra. Muchos hombres y mujeres buscan desesperadamente una huella que les haga reencontrarse con los orígenes, perdidos en el silencio de los siglos.

Pero, aunque la realidad y la materia tiendan a la augestación y el desarrollo de su propio dinamismo, es en los umbrales de la historia y en el origen de la vida hasta hoy se vislumbra el "dedo creador" de Dios.

Todas las cosas van encaminadas hacia el surgimiento del hombre, "animal con capacidad de pensar y amar".

Aunque algunos no admitan una diferencia cualitativa entre el hombre y el resto de los animales, lo cierto es que el hombre posee características excepcionales que lo diferencia cuantitativamente y lo hace distinto a todas las demás "creaturas".

Nunca olvides que esta historia va encaminada hacia un "punto omega" y será plenamente desvelada desde el final, que no es otro que la "recapitulación de todas las cosas en Dios".

239.- La satisfacción

Napoleón sentenciaba: "el necio siempre tiene ventaja sobre el hombre de talento; siempre está satisfecho de sí mismo"

La satisfacción es un estado emocional en el cual el hombre se siente feliz en su itinerario y su obra realizada no está exenta de exigencia y de cierta insatisfacción, mirando fundamentalmente a lo que realmente debería ser, a la plenitud.

Y bien sabemos, por exigencia propia, que cuando somos exigentes con nosotros mismos hay una corriente de insatisfacción que nos acerca a los mejores hijos e hijas de una generación.

240.- Un clamor en el corazón de un no creyente

Un hombre, conocido activista a favor de colectivos marginados y grupos étnicos desfavorecidos del mundo, comentó a un amigo suyo, creyente comprometido y cristiano practicante: "Hay una Iglesia con al que me indentifico y a la que admiro, una Iglesia que ayuda a las causas perdidas y se identifica con los sin-voz de la tierra, pero hay otra Iglesia, burocrática y grandiosa, piramidal e inmisericorde, lejana a la realidad y preocupada por los asuntos imposibles y la belleza de sus propios templos, y esa misma Iglesia me hace palidecer y renegarme desde dentro.

En algunos momentos desearía creer y tener una razón última que haga llevadera mi propia existencia, pero inmediatamente brota mi rechazo más intenso y mi indiferencia más cierta que hace absurdo mi propio deseo. Y no es por mi familia, que es muy creyente, sino por mi propio vaciamiento".

Y su amigo le comentó: "Por favor, no cambies en tu preocupación por la justicia y la solidaridad con los más desheredados de la tierra. Aunque no sientas que tu anhelo es obra de Dios, algún día descubrirás que Dios escribe siempre en la vida de cada hombre y mujer que vienen a este mundo, y en el momento menos esperado se hará encontradizo en tu mismo vaciamiento".

241.-Una oración en la noche

Señor mío, dueño del cielo y de la tierra, artífice de la libertad y de la justicia, amo del tiempo y esencia misma de la permanencia del ser, quiero pedirte en esta hora que nos des la capacidad de perdón y la posibilidad de gestar nuestros sueños.

Señor mío, invisible hasta lo inexplicable y cercano hasta lo más íntimo, arquitecto de los sentimientos y de la plegaria, amado de lo imposible y compañero de los caminos, forjador del futuro y guardián de lo extraño, quiero suplicarte que nos hagas soportables nuestros pasos.

¡Ay, Dios mío, Señor mío, no te quedes lejos de nuestra vida y haznos capaces de amar a los demás!

242.-Las utopías

Y dijo el profeta: Las utopías son caminos que señalan los grandes sueños de la humanidad. Si caminamos en la dirección que señala nuestra utopía es estar ya conquistándola, es entrar por la senda del bien y el dinamismo del amor.

Seamos idealistas y alcanzaremos la perfección. Como bien decía la Hermana María a la Superiora en la obra de Jordi Siena Fabra, "La Voz interior": "un idealista es un soñador que intenta mantener vivos los sueños, nada más".

Y todos tenemos nuestros sueños, aunque en el devenir de nuestra diminuta historia pocos lleguen a cumplirse.

El mayor de nuestros sueños e ideales debe ser la solidaridad, "la determinación firme y perseverante de trabajar por el bien común; es decir, por el bien de todos y cada uno, porque todos somos responsables de todos" (Sollicitudo Rei Socialis, 38).

Para conseguir el sueño es necesario una verdadera disponibilidad para el amor "de otro modo, como es evidente, las ideologías más revolucionarias no desembocarían más que en un simple cambio de amos que, una vez instalados en el poder, se rodean de privilegios, limitan las libertades y consienten que se instauren otras formas de injusticia" (Octogesisima Aveniens, 45).

243.-"El Misterio se manifiesta de inmediato"

Todo el misterio de la vida puede condensarse en un momento. En cada segundo del tiempo la magia de la realidad espera ser redescubierta por el yo.

En los pequeños detalles se revela la fuerza del misterio y la realidad con toda su complejidad se deshace en segundos, alcanzando su simplicidad y reencontrándose con su Creador.

En el fondo, pocas cosas son necesarias para vivir y en esa simplicidad manifiesta, con la armonía silenciosa del universo, el hombre aprende a vivir y a deshacerse de sus amos.

Vivir en el presente es el reto que nos reencuentra con el alma de los otros y el interior de un hombre se agiganta en el tiempo.

244.- No rechaces el pasado

Una joven estaba muy ilusionada de todo lo que tenía a su alrededor y estaba convencida de que pertenecía a la generación mejor preparada y con mayores posibilidades de todos los tiempos en su país. Además, juntamente con sus compañeras, creían que todo lo anterior a ellas era antiguo, conservador, caduco y anquilosado. Lo miraba con recelo e indiferencia.

Un día comentó a un profesor que la historia era un parche y la filosofía era una pérdida de tiempo. Además, afirmaba con mucha contundencia que lo importante y valioso en la vida era la técnica y la informática.

El profesor la miró, le sonrió y le sugirió: "Querida amiga, no desprecies el pasado glorioso del pensamiento y del saber. El presente sería ilusorio si no tuviera como remitente el pasado y como proyección el futuro. Te quiero recordar unas palabras impresionantes de Goethe: "El que no sabe llevar su contabilidad por espacio de tres mil años se queda como un ignorante en la oscuridad y sólo vive al día".

Si crees que nosotros somos mejores que aquellos que dejaron grabados sus nombres en la historia de la humanidad con sus magníficos razonamientos e ideas solamente porque tenemos en casa un ordenador y algunos electrodomésticos creo que te equivocas totalmente".

Y aquella chica meditó silenciosamente aquellas palabras de su profesor que la zarandearon interiormente.

245.- Un diagnóstico desesperanzador

Un creyente cristiano de comunión diaria relataba a su amigo: "¿Qué está pasando en la Iglesia? Verdaderamente estoy aturdido porque la práctica de la eucaristía está bajo mínimos".

Y aquel diagnóstico desesperanzador es muy común entre muchos creyentes que ven con sorpresa y estupor la escasa asistencia de los cristianos a la eucaristía: "¿Qué está ocurriendo en la transmisión evangelizadora de las generaciones más jóvenes que no vislumbran como esencial la celebración litúrgica de la fe?".

Y su amigo le sugirió: "Vivimos realmente una nueva época evangelizadora de la Iglesia. Las grandes masas han abandonado la Iglesia y se nos pide volver a la concepción de la Iglesia como pequeñas comunidades cristianas como un signo de Cristo en medio del mundo. En esta concepción minoritaria de la Iglesia sobrevive también otra concepción más triunfalista y de cristiandad, e incluso la práctica de los sacramentos es abundante porque tiene un respaldo social.

Tenemos que huir de los triunfalismos eclesiales y asumir el triunfo de la cruz.

246.- Mochila para las dificultades

Kant sentenciaba que "tres cosas ayudan a sobrellevar las dificultades: la esperanza, el sueño y la risa".

La esperanza parte de un presupuesto básica: aún no se ha escrito la última palabra, y el triunfo del bien se anticipa en la historia.

El sueño es el aroma que perfuma el alma en su andadura histórica y genera en ella el convencimiento de que cada momento es la oportunidad para empezar de nuevo.

La risa es el arte supremo de reírse de uno mismo y compartir las alegrías de la vida con los demás, aunque sea en situaciones adversas y tristes.

Conozco personas que han vivido situaciones horribles y lo único que le han hecho permanecer íntegros han sido la esperanza, el sueño y la risa.

247.-La muerte de un amigo

Un joven se sentía tremendamente conmovido por la muerte de un amigo en un accidente de tráfico. Y se tambaleó la fe en un Dios bueno y misericordioso. No comprendía que Dios permitiera el sufrimiento de los inocentes y el mal en el mundo.

Se dirigió a un sacerdote y le comunicó sus inquietudes. El sacerdote le escuchó en silencio y muy atentamente. Después le sugirió: "En verdad el sufrimiento y el mal son un misterio. No podemos saber por qué Dios permite el mal; un interrogante que será desvelado en su totalidad al final.

La respuesta cristiana al sufrimiento del inocente es la resurrección de los muertos. La Resurrección puede ser comprendida como un acto reivindicador de Dios que sale en defensa del hombre injustamente tratado por la vida, las circunstancias y los verdugos de turno. Dios hará justicia al final y el único enemigo aniquilado será la muerte.

Además en Jesucristo se vislumbra el drama del sufrimiento y del dolor, del misterio y de la muerte. En él se anticipa el triunfo de Dios frente al aparente triunfo de las fuerzas del mal (prolepsis).

La muerte no es la experiencia última de la existencia humana, y es en la pascua de Cristo donde nosotros somos injertados, tarde o temprano, desde el paso del sufrimiento. Tu amigo participará plenamente de Cristo aunque lo único que quede en tu recuerdo sea la ausencia atroz de su aliento y de sus pasos.

248.- La agonía del Getsemaní

Un sacerdote había tenido serios problemas con un colectivo de su Parroquia hasta tal punto que había recibido amenazas, insultos y descalificaciones. Había sentido tentación de huir y de irse de aquella realidad conflictiva, que le hacía sentirse mal y sufrir tremendamente.

Aquel sacerdote meditó delante de un crucifijo y comprendió que no podía irse de aquella misión pastoral difícil que se le había encomendado. Lo contrario sería huir de la voluntad del Señor y atentaría contra la misma existencia de la Iglesia en aquel lugar.

Descubrió, además, que Jesús de Nazaret no huyó de sus horas más amargas ni se bajó de la cruz cuando fue asesinado por sus enemigos, sino que ofreció su vida "en rescate de muchos" y perdonando a sus verdugos. Vislumbró que Jesús en el huerto del Getsemaní suplicó al Padre que pasara aquel trago pero que no se hiciera su voluntad sino la del Padre.

Aquella meditación le serenó en el espíritu y al día siguiente asumió el conflicto como un medio de santificación y descubrió que la existencia era descubierta de manera diferente y que todas las realidades negativas son motivos de crecimiento interior y desapego de las ataduras terrenas.

249.-La autoestima

Un joven se encontraba aturdido y no se valoraba para nada. En esta crisis existencial estaba cuando cayó en sus manos un documento que lo alegró sobremanera: "Si quieres crecer en la autoestima te son necesarios estas cosas: "no tengas miedo a comunicar tus sentimientos y emociones; acepta los errores y las críticas como un instrumento de aprendizaje; acéptate a tu mismo como eres; aprende a escuchar de forma activa; cree en la capacidad de crecimiento de los otros; vive con sinceridad y honestidad; actúa siempre desde la comprensión y la tolerancia; disfruta y goza de las pequeñas cosas de la vida; intenta estar abierto a lo imprevisto; busca lo positivo de cada persona; debes estar dispuesto a cambiar de opinión si encuentras alguna alternativa más razonable; ten sentido del humor..." (F. Voli).

Y comprendió por un momento que necesitaba salir inmediatamente de aquella situación de crisis existencial para afrontar su vida desde una perspectiva de autoestima y desde el convencimiento íntimo de que era valioso y único para el Dios vivo y verdadero.

250.-La búsqueda del Eterno

Y dijo el profeta: Cuando parezca que tu vida se hace añicos y el huracán del vacío se apodere de tu interior... Cuando el ateísmo se haga esencia y las puertas de la desesperanza abra tu alma hacia el mundo de ninguna parte... Cuando la misma huella del Nazareno se haga ingenua y expresión de un mundo antiguo y trasnochado… entonces descubre que tu existencia debe de anclarse en la búsqueda de un sentido global con dos alas invisibles, la razón y la fe, y te eleven más allá de ti mismo.

Hubo gente ubicada en el ateísmo más cierto pero tuvieron una experiencia que los zarandearon interiormente y encontraron una luz, tan radiante como invisible, que los dejó marcados para siempre y convirtieron su vidas totalmente.

251.-Yo soy el camino, la verdad y la vida

Y dijo el profeta: "Esta noche es la más perfecta de las noches, la más auténtica manifestación de los secretos.

Hasta este momento los hombres han ocultado sus sueños en la desesperanza y en el engaño, creando dioses a su medida que juegan a castigar a los humanos, mudando sus figuras y acercándose a la tierra con múltiples artilugios.

Pero helo ahí que vino Él sin grandes sobresaltos, silenciosamente, casi sin dar ruido, en un lugar recóndito y lejano, apenas relevante en la historia diseñada por los poderosos y grandes de la tierra. Apenas la historia oficial tuvo noticia de aquel acontecimiento ni se anunció con trompetas y grandes felicitaciones.

La noche se apoderó del corazón de los hombres y se hizo extremadamente oscura durante millones de años, pero helo ahí que vino Él sin caballos blancos ni carros de fuego, deslumbrando a los vecinos, sino con sencillez y cercanía.

Hasta ahora los dioses eran bellos, perfectos, lejanos, juguetones, pero helo ahí que vino Él y se ancló en nuestra historia, cargada de bendición y maldición, pecado y gracia, torturas y tolerancias,... Y suspiró hondamente, miró profundamente y gritó con vehemencia: "Yo soy el Camino, la Verdad y la Vida. Nadie va al Padre sin por mí. Si me conocéis a mí, conoceréis también a mi Padre; desde ahora lo conocéis y lo habéis visto" (Jn 14,6-7).

252.-El valor de la oración

Siempre supimos la importancia de la oración en la vida del cristiano y que se le ha atribuido grandes beneficios psicológicos para la persona que la practica. Pero ¿tiene alguna base científica esta intuición?

En los años 80, los doctores David B y Susan Larsar, del Instituto Nacional de la Salud (EEUU), tras revisar doce años de publicaciones de la sociedad psiquiátrica, concluyen que "asistir a ceremonias religiosas tienen un soporte social y sentirse en relación con Dios beneficia la salud mental en el 92% de los casos, era neutral en el 4% y el 4% restantes mostraba una franca desmejoría".

¡No olvides la dimensión espiritual de tu vida y recuerda que la oración puede ayudarte a la salud integral de tu existencia entera!

253.- "Dios es como mi abuelo"

Cierto día un catequista exhortaba a unos niños en la catequesis para que amaran a Dios sobre todas las cosas y que Dios era como su padre, un padre bueno que nos amaba, nos perdonaba y nos ayudaba.

Aquel comentario fue respondido rápidamente por un niño, nervioso e inquieto: "¡No, No, como mi padre no, porque es una mala persona, nos pega a mis hermanos, a mi madre y a mí! No trabaja, se emborracha y cuando viene a mi casa les tenemos miedo. Como mi padre no. ¡Dios debe ser como mi abuelo!"

Aquel comentario impresionó al grupo de niños y al catequista, que descubrió con qué frecuencia utilizamos en la transmisión de la fe conceptos, que en la mayor parte de las veces están condicionados por la experiencia que tenemos de los mismos, y que esa misma experiencia nos dificulta el acercamiento a la auténtica dimensión religiosa...

254.-La vida misma

La vida misma se convierte en ofrenda vacía cuando no somos capaces de acallar la ira del vacío y del absurdo.

Cuando abrimos el corazón y los ojos a la realidad, en ocasiones tan pálida y tan callada, entonces el aroma de la serenidad anida despacio en nuestro ego.

La vida misma se hace soportable en momentos cuando resuena en nosotros las palabras de Cristo: "Venid a mí todo los que estáis cansados y agobiados que yo os aliviaré"

Porque llegarán días en que el misterio de la vida se hará interrogante existencial, sobre todo cuando llega el momento de la muerte. Y, entonces, necesitamos encontrar una respuesta convincente que nos arranque nuestro conflicto y nos rompa nuestra ceguera espiritual. Y esa no puede ser otra que la que brota del Misterio (Dios) que nos hace ver los acontecimientos desde el final (escatología), y ella misma nos anticipa una respuesta: Dios dará la vida definitiva a los que han muerto.

255.-La búsqueda del Todopoderoso

En la andadura existencial de cada ser humano está marcada, aún sin saberlo, por la búsqueda de la perfección y la felicidad.

La búsqueda de mayores cotas de realización y el anhelo de la satisfacción en las circunstancias más diversas son síntomas evidentes de la "dimensión espiritual" de todo ser humano que busca al Dios Todopoderoso.

Pero en cada búsqueda de sentido global para nuestra propia realidad hay un convencimiento básico, certificado por la experiencia de muchos hombres y mujeres que sus vidas quedaron marcadas por el encuentro con el Nazareno: Que es siempre Dios el que nos busca y a menudo se hace el encontradizo por aquel que no le busca.

256.- Que sea fiel como yo lo he sido con Él

Cuentan que cierto día un hombre se dirigió a una Parroquia y le dijo al sacerdote: "Por favor, pediría que fuera a ver a mi padre que está bastante enfermo. No sabemos para qué lo ha llamado. Mi padre ha sido un anarquista comprometido y nunca ha querido saber nada de la Iglesia y de los curas. Vaya a verlo, es su última voluntad"

El sacerdote, un tanto nervioso e inquieto, se dirigió sorprendido en dirección hacia aquella casa, esperando cualquier reacción de aquel hombre.

Al llegar a la casa, le hicieron llegar a una habitación y, dejándolos solos la familia, el hombre dijo al sacerdote: "A lo largo de mi vida nunca he querido saber nada de la Iglesia, aunque mis padres eran muy religiosos. A pesar de mi ataque frontal a la Iglesia siempre llevé en mi cartera, prácticamente desde los ocho años, una imagen de Jesús Nazareno. Quiero que lo lleve a la Iglesia y se lo ponga en los pies de la imagen de Jesús y le pida que Él sea tan fiel conmigo como yo lo he sido con Él".

El sacerdote, emocionado, le cogió las manos y dio gracias a Dios por ese emotivo encuentro.

257.-El amor

El amor es el único capaz de redimir al hombre de su propia debilidad. Sin duda alguna, para que entre en tu corazón el amor hay que desterrar de él el odio, la envidia, el rencor y el desprecio.

Lo único que hará grande a un alma será el amor que pueda depositar en su interior y la compasión hacia sus semejantes.

Verdaderamente, como bien decía Séneca, "hace falta toda una vida para aprender a vivir", y es en esa vida nuestra donde tenemos que hacer méritos para entrar en la dinámica del amor.

Un consejo puede ser pauta fundamental de discernimiento: "escuchad el consejo del que mucho sabe; pero sobre todo, escuchad el consejo de quien muchos os ama" (Arturo Graf).

258.-Una respuesta repleta de sentido

Cierto día un joven se cuestionaba abiertamente sobre la existencia de Dios y, sobre todo, de su predicada bondad e intervención activa en la historia de los hombres.

Aquella queja y el interrogante hizo paralizar las palabras balbucientes del grupo y todas las miradas quedaron fijas en el profesor.

El profesor, un tanto nervioso, afirmó: "La vida humana se convierte en problemática, sobre todo cuando aparece en el horizonte el sufrimiento y las huellas del mal. Y esta problemática se hace existencial cuando en medio de la tragedia anhelamos una respuesta repleta de sentido para la enigmática realidad.

El sentido global último que dé respuesta a la razón última de cuanto acontece no parece encontrarse en otro que no sea el mismo Dios, que si bien su propia identidad es continuamente amenazada y cuestionada como único soporte válido al clamor de justicia y de respuesta para tantas causas perdidas.

No temed a vuestras preguntas y convenceros que la intervención amorosa de Dios se hará evidente cuando ayudemos a los humanos a conseguir una vida más humana y menos trágica"

259.- La capacidad de escuchar

Hay actualmente una necesidad de escuchar a los demás. Ya D. Bonhoeffer afirmaba con claridad: "el primero de los servicios que uno debe a los demás de la comunidad consiste en escucharles".

Sin duda alguna, la falta de diálogo que humanice nuestros sentimientos y haga dignos nuestros actos, desde un clima de entendimiento y respeto, puede considerarse, sin miedo a equivocarnos, como uno de los grandes problemas con que se encuentra la sociedad desarrollada.

Y hoy, más que nunca, como un signo esencial de clamor y de necesidad humana necesitamos encontrar espacios abiertos de diálogo y de acogida que nos haga sentir que nos realizamos como personas en la medida en que nos comuniquemos.

260.- La bondad del hombre

Confucio afirmó sabiamente: "Cuando veas a un hombre bueno trata de imitarlo; cuando veas a un hombre malo, examínate a ti mismo".

Jamás tiremos la toalla en la andadura existencial que transitamos porque entonces la historia caminará hacia la "ley de la selva" y las conquistas sociales no serán nada más que "fósiles sin sustancia".

La bondad de un hombre será lo único que nos haga tener esperanza en la humanidad y será la única arma capaz de llevar a este mundo a sendas cada día más auténticas de perfección.

Hoy las generaciones más jóvenes necesitan más testigos que maestros, más hombres buenos que economistas, más abrazos que palabras, más amigos que jueces inmisericordes...

No te inquietes si en la "noche oscura de tu vida" te encuentras un hombre perverso porque será la única manera que te haga mirar hacia dentro.

261.-Soportable nuestros pasos

¿Habrá alguien que haga soportable nuestros pasos y nuestras fatigas en esta historia nuestra, tan amante de injusticias y tan sedienta de maldad? ¿Es tan inhumano buscar en este lento caminar el apoyo infinito de un Dios Eterno que haga posible asumir todo el laberinto de la realidad, y poder cimentar tu existencia en la paz, la solidaridad, el perdón, el amor y la misericordia?

La dimensión religiosa enlaza con el deseo existencial de sentido global y hace comprensible nuestro acercamiento a la realidad. Por esta razón, está ajena a la insatisfacción del hombre la filosofía de Nietzsche, que aboga por el superhombre que debe de andar su camino solo, sin compañías demasiado sospechosas y talante provocador.

No somos capaces de apoyarnos en algo o en alguien porque nuestra debilidad no será capaz de hacer soportable la vida.

262.- Dios sale al encuentro del hombre

En el dinamismo de la fe hay un convencimiento fundamental: Dios sale al encuentro del hombre en su andadura histórica concreta.

Si bien es verdad, teológicamente hablando, este principio, y del cual brota todo el edificio teológico, lo verdaderamente manifiesto, como una experiencia subjetiva incuestionable, es que la densidad de ese encuentro será proporcional, en la mayor parte de los casos a la búsqueda y al interés existencial del mismo hombre hacia un sentido global último de toda la realidad, Dios.

Esa iniciativa de Dios, en muchos momentos sospechada y poco verificable científicamente, es la que nos lanza a una búsqueda desesperada del alma hacia el Amado, unas veces tan evidente y otras veces tan oscuro.

Y si bien es cierto que en la vida apresurada que llevamos nadie se librará de la dimensión trágica de la vida y el anhelo de un Dios trascendente y eterno, infinito y misericordioso, compasivo y juez que haga llevadera nuestra vida y conforme a nuestras acciones.

263.-Un modo de viajar

Nunca olvides en tu vida que lo verdaderamente importante es el modo que vives, reconociendo con Rinbeck que "la felicidad no es una estación de llegada, sino un modo de viajar".

Cuando descubres que un minuto de tu tiempo es una oportunidad para extraer de la vida lo mejor, entonces la pasión y el amor a las cosas y a las personas aparecen de inmediato, sin violencias ni forcejeos.

Cuando sientas que tu vida es única y está llamada a conquistar metas de perfección, entonces la vida y sus acontecimientos son momentos únicos para saborearlos sin descanso.

264.- Dame la capacidad de amar

Cierto día un hombre casado, creyente practicante, que creía profundamente en el amor y en el matrimonio, comentó a un amigo sacerdote: "Sin duda alguna lo mejor que me ha pasado en la vida ha sido casarme con mi mujer... Cuando yo conocí a la que hoy es mi mujer me pareció preciosa y tenía un alma grande... Y en el silencio de una capilla recé al Señor una oración que nunca he olvidado desde entonces: "Señor, si tú quieres que ésta sea mi mujer dale la capacidad de amarme a mi más que a ella misma; Señor si tú quieres que yo sea su marido dame la capacidad de amarla más que a mí mismo; Señor, si quieres que seamos esposos danos la capacidad de amarte a Ti más que a nosotros mismos y desde Ti ser un bendición para los que nos rodean".

Hoy, al cabo de muchos años de casado, jamás olvido aquella petición que me hace renovar día a día nuestro matrimonio como un medio maravilloso de consagración y santificación.

265.-La norma de un cristiano

Para un cristiano, la norma de vida es el evangelio y la persona de Jesús, que nos invita a seguirle...
Pero frente a este ideal de perfección hay que distinguir claramente los comportamientos de cada creyente, sometidos muy a menudo a los condicionamientos y al ritmo personal, a la debilidad y al pecado...

Esta distinción es necesaria para no perder la confianza en la misma Iglesia como Misterio de salvación y la dimensión divina de la misma.

Verdaderamente el ideal evangélico se va configurando en cada recorrido personal de un individuo aunque sea conforme a su propia contingencia y debilidad. Sin duda alguna, el ideal de un estilo y las palabras de un modelo de perfección permanece intacto como exigencia para todo seguidor de Cristo, a pesar de que su concreción histórica en cada individuo se resquebraje en abundancia.

266.- "Danzar en el interior del alma"

Necesito deciros que Dios es el soporte fundamental de la realidad y que sin Él todo se desvanece.

Dios sale al encuentro de tu alma y en su intimidad más íntima quiere "danzar con ella" para atraerla con "correas de amor".

Cuando un ser humano desea con fuerza la intimidad con Dios le da a la mente una fuerza extraordinaria para conseguir alcanzar su vida hacia Él y eso es lo que convierte a la andadura existencial, en ocasiones angosta y difícil, una peregrinación.

Necesito deciros que Dios es bueno y solamente su bondad será la que nos hará alcanzar las mayores cotas de la realización.

Muchos hombres y mujeres niegan como posible la existencia de Dios pero sin Él el paso de los años y los acontecimientos se hacen vanos y el anhelo de justicia una despiadada ilusión.

La experiencia de muchos hombres y mujeres, que se encontraron en un momento de su vida con la huella del Maestro y sus vidas cambiaron de inmediato, es un impulso para que podamos alcanzar ese encuentro espiritual como posible y anhelante.

267.-La esperanza

Uno de los rasgos más importantes del Cristianismo es la esperanza. La esperanza es la virtud que no se cansa de esperar.

La esperanza es el impulso que nos lanza a no desfallecer dejándonos un grito de triunfo divino cuando el mal echa sus redes y vence de inmediato.

La esperanza es la alegría del consuelo anticipado y de la victoria sellada cuando no vislumbramos en el horizonte ni un atisbo de cambio.

La esperanza es un piropo al triunfo del amor. Aquí radica el escándalo que provoca el Cristianismo.

Jean Delumeau, escritor francés e historiador, decía: "los cristianos son locos porque creen contra toda apariencia que el amor triunfará por vencer a la muerte".

268.-"El animal simbólico"

El hombre es un "animal simbólico", un animal capaz de darle a la realidad un significado más allá de sí misma.

Cuando un objeto no es valorado por si mismo sino como expresión de una experiencia sentimental o una persona que tiene un significado especial para nosotros, entonces ese mismo objeto o persona se convierten en "otra cosa" capaz de alcanzar por sí mismo la entidad misma del misterio.

Y todos nosotros tenemos en nuestra casa realidades que más allá de su valor material las valoramos en la medida que nos remiten a realidades del pasado y a personas concretas.

A nivel religioso ocurre algo parecido. El nivel sagrado se crea cuando una "realidad finita" se transforma en un referente del Misterio Divino y es un medio de la Presencia del "Totalmente Otro", Dios.

Los lugres, tiempos, personas y relatos sagrados son realidades finitas que son respetadas por el propio creyente en la medida que reflejan el Misterio Divino.

Por esta razón no es difícil comprender que un fan de un actor entregue cientos e incluso millones de pesetas por una sábana que utilizó en un momento de su vida ese actor, o por un vestido que se puso su actriz fetiche en una película, o por una guitarra de su cantante preferido...

Toda esta realidad simbólica lo único que hace es descubrir que todo cientifismo es ajeno a la misma andadura existencial del propio hombre y una ficción en la propia realidad integral de los pueblos y de la humanidad.

269.- La integridad del seguimiento

Pocas cosas quedan en la sociedad postmoderna en pie. Los grandes ideales y creencias han perdido su fuerza, destrozando su credibilidad casi de inmediato y dando poco suspiro a su reconstrucción.

En el diseño de la nueva religiosidad dominante se rechaza cualquier dogma oficial de una religión establecida, aunque se subraye otro nuevo dogmatismo en el horizonte, en ocasiones públicamente pero siempre potenciado.

Incluso hoy es difícil encontrar en el interior de las Iglesias a alguien que admita en su fuero interno la totalidad del "depósito memorial de la fe", tal como es concebido por esa misma Iglesia, sin interferencias ni confusión de voces.

Actualmente hay una tendencia de mantener en el horizonte la integridad del mensaje so pena de destruir el mismo, y cualquier recelo es dar puerta abierta al "país de la nada" que erosiona a su paso toda referencia y evidencia.

Y la vida cristiana, en el fondo, crecerá en su esencia si amamos, vivimos e imitamos a Jesús, anunciado y testimoniado en la Iglesia, proclamado y continuado en la historia y la realidad del mundo.

270.-Gracias, Señor, por la gafas

Gracias, Señor, por las gafas que nos ayudan a contemplar la realidad de manera brillante y clara. Ellas nos descubren que hay inventos mágicos al servicio del hombre y no solamente para destruir el hábitat y el ecosistema.

Nadie vislumbra la pérdida de la vista con unas lentes adecuadas, pero quítate las gafas y sabrás dar gracias desde la mañana hasta la noche.

Sin las gafas nos anclaríamos cada vez más en el mundo de las sombras y no soportaríamos la dramática pérdida de nuestra vista.

271.-"Ser relacional"

El hombre es un "ser relacional" que busca la comunicación de los demás y solamente esta relación, enmarcada en claves de respeto y comprensión, los humanizará interiormente.

En la dinámica existencial del hombre como "ser espiritual" aparece en el horizonte la aceptación de Dios como el "Totalmente Otro", que reconcilia al mismo humano con la búsqueda global de sentido.

Y aunque la búsqueda no siempre es pasional, el humano sin saberlo busca desesperadamente una Realidad infinita que lo redima de su propia contingencia y finitud.

Y cuando entramos en la senda espiritual el alma busca desesperadamente a Dios como el Amado que sacie totalmente sus aspiraciones más auténticas. A decir verdad, toda la historia humana se rehace desde la clave salvífica como una historia de amor.

El encuentro amoroso "que recrea y enamora" será la única realidad que nos haga llevar nuestra vida más allá de sí misma, aunque en ocasiones el panorama se oscurezca.

272.-Huésped de mí silencio

Dejad que el estupor divino, silencioso y pasajero, hospede su misterio en lo hondo de tu alma, allí donde los fantasmas dejaron su huella, y afloran de vez en cuando en lo profano.

Dejad que el misterio absoluto de lo caduco se haga evidencia en algún momento de tu vida, allí donde los cansancios palidecen sin descanso, y se hacen aromas de miedo en la pregunta.

¡Ay, huésped de mi silencio, receptor de mi pregunta, dejad que mi espíritu se serene en lo hondo de mi gusto, allí donde la música deja su secreto y la palabra nunca dicha revela su esencia!

273.-No al servilismo

Y dijo el profeta: Todo nos pertenece. Dios quiere que el hombre sea feliz y desarrolle todas sus cualidades para alcanzar las mayores cotas de realización.

La vida misma se convierte en apasionante cuando se interpreta como servicio. Pero el servicio jamás puede ser concebido como servilismo.

El servilista se inclina demasiado a su señor y se convierte en alguien despreciable para su propia dignidad. Sin embargo, servir a los demás es algo grande y auténtico cuando se realiza con respeto y amor.

Muchos hombres y mujeres anhelan que le sirvan pero son grandes caricaturas de la humanidad. Buscan y buscan a mudos siervos que le adulen por un puñado de monedas.

Cuando una vida desea ser armonizada desde el servicio entonces le damos una fuerza a nuestra mente de tal magnitud que hasta el más mínimo elemento es una conquista para el alma y un avance en nuestro seguimiento del Maestro.

274.-El camino del perdón

Jamás el alma da mayor síntoma de grandeza que cuando es capaz de soportar los golpes y emprender el camino del perdón.

No nos engañemos. Lo verdaderamente heroico en la historia de la humanidad ha sido la corriente de bondad que se ha derramado por las horas de la historia, tan cargada de crímenes y de violencia.

En esos momentos históricos donde ha sobreabundado la oscuridad y la noche hay que reconocer que aparecieron siempre almas grandes que fueron capaces de sacudir toda una época, dando motivos de esperanza a la gran masa.

Y hoy más que nunca es necesario encontrar almas grandes con alas en su interior y bondad en sus corazones.

275.-La conquista de uno mismo

La mayor conquista de un ser humano es él mismo. Y, en medio de tantos reclamos de imitación, lo más urgente es ser uno mismo.

Judy Garland fue una gran actriz y afirmaba con rotundidad: "Procura ser siempre la mejor versión de ti mismo y no una versión mediocre de alguien más".

Ahora bien, esta conquista es complicada y requiere gran dosis de humildad. Para eso tenemos a nuestro alcance muchos medios, aunque sobresalen tres: la observación de los demás, la lectura y la reflexión.

Todo puede ser un camino para realizarnos como personas y "cuando encuentres a un hombre bueno, intenta imitarlo. Cuando veas a uno malo, examínate a ti mismo" (Cicerón).

La sociedad misma es reacia a la gente que quiere ser ella misma más allá de los modos y tendencias.

Camino complicado aquel que desea ser coherente y sincero en un mundo que ha sellado sus raíces en el egoísmo, la codicia, el dinero y la ambición de poder.

En ese dinamismo muchos enemigos aparecerán en el horizonte e incluso surgirán no pocos conflictos, pero será una apasionante aventura a la conquista de uno mismo.

276.- No nos arrebatarán nuestros sueños

Y dijo el profeta: "podrán arrebatarte la tierra y tu libertad como si un ladrón desvalijara tu casa. Podrán quitarte tus bienes y ser tu vida un cúmulo de desgracias, todas ellas hilvanadas como un rosario de sombras. Podrán dejar tu vida en el despertar de la noche e incluso fortalecer los cerrojos sin nada que ofrecer ni nada que transitar. Podrán silenciar tu nombre y escribir en los anales de la historia que jamás existió tu sombra ni que hubo nadie con tus huellas en este devenir histórico... pero, ¡escríbelo en tu corazón con palabras de fuego!, jamás podrán arrebatarte tus sueños y tu fe.

277.-Ser libres

Y dijo el profeta: En verdad, en ocasiones, lo que llamáis libertad no es más que una estatua con pies de barro y con cuerpo de bronce.

En momentos del recorrido existencial, la libertad se hace carga pesada en la vida de los hombres, acostumbrados la mayor parte a obedecer sin remedio.

¡Si, la mayor parte de las veces, tenemos miedo a la libertad y a equivocarnos en nuestros actos!

Sin una referencia a la bondad y a la moral, la libertad palidece en su esencia. Y hoy, en muchas de los discursos y actitudes, la libertad se concibe como valor absoluto, despojando su contenido de toda referencia a la verdad y a la bondad.

Sin una apertura y tendencia hacia la moralidad y la racionalidad, que marca su contenido y estructura sus propios límites, la libertad se convierte en unas cadenas que amenazan a los humanos y se recela en el fondo.

Muchos reclaman libertad y lo gritan a grandes discursos, para sus propios intereses, pero en el fondo son mecanismos para ocultar sus propios intereses que brillan con cadenas centelleantes y deslumbrantes.

278.-"Situación de crisis"

Occidente vive una "situación de crisis" en el proceso denominado postmodernidad, caracterizada por el individualismo, el escepticismo, la insolidaridad, el materialismo... Pero en esta nueva situación, caracterizada por un rechazo de lo religioso en público e incluso a nivel institucional, está brotando un redescubrimiento de la espiritualidad, e incluso datos esperanzadores del anhelo por las raíces cristianas de nuestra cultura.

A decir verdad Europa nació como un ideal, cimentado en los valores de igualdad, fraternidad y libertad, pero en un contexto cristiano.

El hombre actual está necesitando un alma, un ideal, una moral.

279.- Una oración al Dios vivo

Ojalá rasgases el mal de la tierra y te abras enteramente con tu claridad dejando a la intemperie la invasión cobarde, que distribuye y aumenta los arpegios de la paz.

Te busco y busco, dejando incluso mi aliento en la cuneta pero nada irradia la noche. Pero incluso ahí, cuando la trinchera del sufrimiento se hace tan evidente, lo único que hace comprensible nuestros actos eres Tú, eterno amado para el alma peregrina, volcán celoso para el corazón sediento, diana profunda para la flecha interior.

¡Si, tú eres el Amado que hiere el alma con deseo y anhelo, y cuanto menos te hace visible más nos contagias de búsqueda desesperada!

¡Si, tú eres el que nos hace encontrar la sospecha pero sólo la fatiga creadora y sola hará encontrar en Ti la belleza que anhelamos el calor que necesitamos y la fortaleza que deseamos!

Ojalá sanes nuestra herida interior y nos hagas soportable nuestros pasos.

280.-Relación con el Misterio

La vida en su dinamismo es la que debe ser saboreada e interpretada en su totalidad y profundidad.

Ninguno de nosotros seremos capaces de desentrañar la plenitud de la vida, porque "hasta las ciencias más adelantadas están saturadas de misterios y de preguntas sin respuesta" (Giovanni Papini).

El misterio de la vida parece encontrar un comienzo de su esencia cuando el alma es capaz de amar, incluso en situaciones límites de sufrimiento.

Jamás el alma humana alcanza su identidad si no es en la intimidad del secreto donde se encuentra consigo misma en relación con el Absoluto.

El alma humana se sentirá satisfecha cuando es capaz de experimentar en su interior la huella espiritual del Amado.

281.- La superación

"El hombre no se realiza a sí mismo si no es superándose", afirmaba Pablo VI.

Cierto es que la superación está depositada, como una tendencia direccional, en el propio centro de sus motivaciones, sentimientos, pensamientos, palabras y acciones, ya que, como bien argumentaba Pascal, "el hombre se supera a si mismo infinitamente porque siempre está en camino hacia la plenitud infinita".

Sin duda que la realización personal jamás es una conquista definitiva, porque no es una situación permanente sino una tendencia hacia un final decisivo, que jamás la alcanzamos en su totalidad, porque es una situación infinita.

Solamente el que aspira continuamente a la perfección, y tiene a la insatisfacción como su aliado, será capaz de encontrar una superación a sus crisis más vitales y a su mediocridad más manifiesta.

Superarse a sí mismo es una de las claves más satisfactorias y sabias del hombre autorrealizado, y seguro que los grandes de ayer se exigieron antes a sí mismos para luego proponerlo como camino válido a los demás.

282.-Una clave esencial: el tiempo

Napoleón Bonaparte sentenciaba: "hay ladrones a los que no se castiga, pero que nos roban lo más preciado: el tiempo".

Las posibilidades y las oportunidades se concretan en nuestra historia en claves de condicionamientos sociales y temporales.

Nuestros proyectos y nuestros planes siempre tienen un tiempo, y, analizando nuestro pasado desde esta perspectiva, podemos descubrir en qué hemos aprovechado el tiempo o, al contrario, en qué lo hemos perdido.

Hay personas con las que hemos crecido como personas y han sido una luz en nuestra vida, mientras que otras nos han "robado" lo más preciado que tenemos, el tiempo.

283.- "Las mejores alforjas para el camino"

Cada ser humano tiene un reto fundamental en su peregrinar que condiciona, en cierto modo, su calidad de vida: ¿Cómo superar el sufrimiento existencial que se hace evidente?

Enmanuel Kant sentenciaba: "Tres cosas ayudan a sobrellevar las dificultades: la esperanza, el sueño y la risa".

La esperanza nos ayuda a contemplar con entusiasmo el destino final de lo que anhelamos, y enlaza nuestro presente con el futuro.

El sueño nos sumerge en la ilusión y en la cercanía de lo perfecto, contemplando nuestro proyecto personal en clave de entusiasmo y superación.

La risa nos abre las puertas de la alegría y nos acerca al compañerismo y la fraternidad, porque la sonrisa y la risa nos detallan la interioridad y el fondo de un ser humano.

¡Estupendo itinerario de Enmanuel Kant que nos hace contemplar que la esperanza, el sueño y la risa son las mejores alforjas para peregrinar nuestro camino existencial, y son eficaces que muchas arcas de oro!

284.- El hombre, "un ser religado"

El hombre es un ser "ontológicamente religado" (Zubiri).

La esencia misma de la vida radica en una actitud fundamental de confianza radical ante la vida y la realidad.

De la misma manera que la estancia en la sociedad no puede realizarse de manera psicológicamente correcta si no es desde un grado suficiente de confianza entre unos y otros, así mismo en la conciencia histórica y espiritual de un hombre no se realiza armónicamente si no es desde una apertura suficiente hacia la Trascendencia y el Misterio.

Fiarse de un sentido último de la Realidad y de la historia, e incluso de uno mismo, no es solamente un argumento razonable para nuestro conocimiento sino un arma eficaz para andar por esta tierra.

285.-No basta ser buenos

No basta ser buenos en la vida sino "procurad que al dejar el mundo veáis no sólo que fuisteis buenos sino que dejáis un mundo bueno" (Bertolf Brech).

Nuestro entorno es un reto que necesita renovarse y que Dios ha puesto para santificarnos. Y es ese "espacio vital" el que debe ser transformado.

La vida es el mayor don que recibimos y es el mayor reto que tenemos.

¡En la vida la alegría y la tristeza son inseparables, y el mayor peligro que tenemos que superar es la indiferencia!

Una opción decidida por la verdad y la justicia conlleva, la mayor parte de las veces, sufrimiento y críticas; pero solamente este camino generaría el nacimiento de un mundo bueno y justo, "casa de todos".

286.-Nos volveremos a encontrar

Más allá del tiempo, en ese espacio sin tierra y sin nombre, dónde las horas no existen y la eternidad se hace perenne, nos volveremos a encontrar.

Esa esperanza es el arma que nos mantendrá despiertos en esta tierra y la antorcha que hará soportable nuestros pasos.

El hombre se resiste a desaparecer para siempre y cuando se impone toda desesperanza, entonces, de inmediato, brota, desde el mismo corazón del hombre, una rebeldía que le impulsa a hacer creíble su esperanza.

No se niega la esperanza de "un cielo nuevo y una tierra nueva" en nombre del descuido de lo terreno, sino que más bien "se equivocan los cristianos que, bajo el pretexto de que no tenemos aquí ciudad permanente, pues buscamos la futura, consideran que puedan descuidar las tareas temporales, sin darse cuenta de que la propia fe es un motivo que les obliga al más perfecto cumplimiento de todas ellas, según la vocación personal de cada uno" (GS 43).

287.-La cruz de de cada día

Jesús invitaba a sus discípulos a coger la cruz de cada día y seguirle. No nos engañemos. La cruz es "nuestra compañera de viaje" en el peregrinar de esta vida. No nos imaginemos cruces raras y aparatosas. La cruz aparecer de mil maneras en nuestra vida diaria.

Feliz es aquel que sufre y sabe para qué sufre. La verdadera cruz cristiana tiene un tramo hacia Dios como ofrenda y donación "a lo que falta a la pasión de Cristo", y un trazo horizontal como tensión para mejorar este mundo.

Madre Teresa de Calcuta decía que "el sufrimiento tomado en sí mismo no vale nada, pero si es compartido con la pasión de Cristo es un don maravilloso".

Ofrece tu sufrimiento al Señor, y Él te lo agradecerá.

288.-Efecto positivo en la salud

Hoy cuando la salud se ha convertido en un valor en alza es necesario impulsar todo aquello que favorezca la salud integral del ser humano.

Un estudio de Jefrey S. Lewin, epidemólogo, sobre 250 casos aparecidos en publicaciones médicas de todo el mundo, cuya curación se asociaba a todo tipo de prácticas religiosas, reveló diversos factores que pueden influir en la recuperación de la salud: "el impacto positivo en el sistema cardiovascular, la dinámica psicológica de ritos y creencias, el efecto placebo que provoca la fe cuando se espera la bendición de Dios, o el sentimiento de apoyo que representa el saberse objeto de una plegaria".

¡Si eres una persona religiosa no olvides nunca el efecto positivo que tiene en tu vida la creencia y la práctica de la religión!

289.- Deseos de eternidad

En nuestra andadura histórica necesitamos apoyos para caminar y no naufragar en nuestros pasos.

No son suficientes alforjas materiales que dan seguridad y estabilidad pero que no satisfacen de manera plena al alma.

Cuando parece todo tranquilo y la satisfacción se ancla en nuestro entorno, aparece la sombra del temor.

¡Qué cercano tiene el hombre la debilidad y la fragilidad! ¡Qué pequeño es el hombre en su grandeza y qué grande es el hombre en su pequeñez!

Y aunque en el horizonte se vislumbra el "ocaso de Dios", en el fondo en el corazón del hombre afloran deseos de bondad, de belleza, de justicia y perfección; elementos que hablan por sí mismos de que el hombre busca a Dios, el Totalmente Otro, sin saberlo ni esperarlo.

Y bien saben los creyentes que "nada está vacío de su presencia, todo es señal de Él"

290.- Unas preguntas incómodas

Un joven inquieto y preocupado se acercó a un sacerdote. Y le comentó su preocupación: "¿Cómo evangelizar a un hombre y a una mujer de una cultura dominante que ha optado por principio a renunciar de las posturas creyentes y ponen como principio al hombre como medida de todas las cosas? ¿Cómo anunciar a Jesucristo en una cultura de tendencia agnóstica que intenta por todos los medios reducir la religión a creación del hombre y a un asunto privado, una época privada de tiempos ajenos al dominio de la ciencia y de la ciencia?

¿Podemos volver a una corriente teológica, en boga durante unos años, que proclame y anuncie "la muerte de Dios"? ¿Sin culto y sin templos, sin sacerdotes y sin Dios se puede mantener algo de lo esencial del evangelio?"

El sacerdote escuchó en silencio y miró maravillado a las estrellas.

291.-La paz

Un día un joven comentó a un profesor que había visto en televisión una secuencia que le había dejado conmocionado.

Esa conmoción provenía de una brutal paliza que dos policías estadounidenses le habían propinado a un hombre negro en plena calle.

Aquel comentario sirvió para dialogar sobre el nivel de violencia que hay en el ambiente y en la sociedad.

Y admitieron que la violencia es una lacra que invade la vida misma de las familias y de los pueblos.

¡Verdaderamente necesitamos encontrar una época donde la justicia sea la carta de presentación de los pueblos y la paz sea la credencial de las personas!

¡Verdaderamente necesitamos un amanecer donde la violencia sea silenciada y ocultada en la más oscura mazmorra!

¡Cómo resuena las palabras de Cristo en esta época tan sellada de violencia: "Bienaventurados los que trabajan por la paz, porque ellos serán llamados hijos de Dios" (Mt 5, 9)!

292.- Toda realidad es problemática

Y un joven preguntó con rebeldía: "¿y desde cuándo se preocupa Dios de nosotros? ¿Acaso se puede aceptar esta realidad tan problemática como un acto de amor de ese Dios?"

Todos callaron. En el fondo aquellas preguntas les habían calado los corazones y la conciencia.

Y el catequista exclamó: "Toda realidad es en sí misma problemática y se debate entre el Misterio del ser y del no ser. Afirmar la existencia en el fondo es un acto de confianza en la misma realidad, abierta a la esencia y a los cambios de sus elementos.

Afirmar la realidad conlleva plantearse la existencia como algo creado desde un primer Motor creador y una Primera Causa Incausada.

293.-Ser uno mismo

Realmente la más dura conquista de un hombre es él mismo. Pero solamente, para que esa conquista sea eficaz, necesita ser sellada por el amor.

El amor genera un dinamismo que difícilmente puede ser destruido por las dificultades.

Verdaderamente esa conquista es continua prácticamente desde que nace y es necesario que vivamos la advertencia de Franz Kafka: "Empieza de una vez a ser quién eres en vez de calcular quién serás".

Pero el amor y la tarea constante de ser uno mismo, sin máscaras ni disfraces para que sea verdaderamente humana, necesita ser atravesada por la bondad.

Es cierto que en muchas ocasiones la bondad no ser realiza con intencionalidad verdadera y auténtica, y había que escuchar a Francisco de Quevedo: "Si haces el bien porque te lo agradezcan eres un mercader y no un bienhechor, eres codicioso y no caritativo", pero sin bondad, la vida misma se hace cruel y el camino no pasa de la selva.

294.- Una oración

Señor, Dios mío, dame alas para levantarse de mi mediocridad. El frío de la realidad se hace seductor y atrayente, sólo en apariencia pero cuando su aroma nos invade por completa y sacia su propósito, entonces nos deja en lo hondo la sed del vacío y la profundidad de lo incierto.

Seños mío, muéstrate con toda tu fuerza como hiciste con Pablo de Tarso, Agustín de Hipona, Francisco de Asís, Edith Stein... una nube ingente de testigos que vieron tu rostro y su vida cambió bruscamente.

¡Ay, Dios mío, ilumina mi noche con la claridad de tu semblante! ¡Ay, Señor mío, no te pares en la rosa, ni en la nieve, ni en la montaña, ni tan siquiera en el templo...! Ven a mi corazón y haremos que tu fuerza nos haga danzar como dos bailarines.

295.- "Necesitamos a Dios"

Y dijo el profeta: El hombre tiene necesidad de plenitud en su vida. Nunca sabemos a ciencia cierta quiénes somos pero lo cierto es que el hombre es "un ser relacional", que sólo encuentra su satisfacción vital en la cercanía del Misterio, que le hace percibirse como pequeño y acogido en su ego.

La sed interior de todo hombre no es sino evidencia de esa búsqueda del Santo, del Creador que sustenta todo lo existente y da alas a la esperanza.

Perdido en lo tangible y cansado en sus pequeñas batallas para satisfacer su seguridad en riqueza, el hombre olvida su gran batalla, aquella que le haré encontrarse consigo mismo, porque en el fondo la identidad misma humana está más allá de su realidad finita.

Si miramos hacia dentro descubrimos que necesitamos un Dios y que tenemos necesidad de un Dios que de razones para vivir, para esperar, para confiar y para luchas.

296.-El camino de la felicidad

El camino de la felicidad es una senda tortuosa, difícil en su centro, aunque sea vendible como fácil en sus contornos. Sócrates decía que "aquel que quiera cambiar el mundo debe empezar por cambiarse a sí mismo".

Y ahí está el verdadero secreto: No exijas a nadie más de lo que tú no estés dispuesto a dar; no pidas a nadie más de lo que tú no estás dispuesto a ofrecer; no critiques de los demás aquello que tú no te esfuerzas en cambiar...

No intentes cambiar el mundo sin esforzarte en luchar contra tus propios fantasmas y debilidades, porque entonces lo único que acabarás haciendo es ponerte en la otra orilla, manteniendo las estructuras que tú mismo criticas, descubriendo en tu más profundo centro que tu verdadero motor no es la reforma sino disfrutar de sus beneficios injustos.

297.- "El amigo de ésta"

Una catequista intentaba transmitir a un grupo de jóvenes que ella invocaba cada día y en cada momento la ayuda de Dios para afrontar con serenidad y optimismo los avatares de la vida y las dificultades de lo cotidiano. Además, les decía, que suplicaba en su oración por cada uno de ellos, por sus proyectos, por sus ideales y por sus sueños.

Aquel comentario parecía caer en saco roto ante unos jóvenes aparentemente indiferentes y escasamente atentos... Sin embargo, aquellas reacciones, en vez de hacerle abandonar, era un reto para hacer más insistente su oración.

Cierto día, uno de ellos, probablemente el más problemático, comentó ante todos una experiencia que dejó sorprendido al grupo y petrificada a la misma catequista.

El joven comentó: "Ayer tuve un problema y pedí al "Amigo de ésta" que me ayudara, y verdaderamente que lo ha hecho".

Aquella experiencia le hizo descubrir a la catequista que no hay que desesperar en el empeño.

298.-Nacemos para el amor

Y dijo el profeta: Nacemos para el amor y somos un proyecto de amor en las manos de Dios, el Amor con mayúsculas. A decir verdad, jamás el alma humana encontrará su descanso y su estabilidad mientras no se dé a sí misma en beneficio de los demás.

"El que no vive para los demás, se deshumaniza a sí mismo" (Padre Arrupe) y siembra a su alrededor las semillas del egoísmo.

Muchas oportunidades tenemos a lo largo de la vida de ayudar a los demás. Puede ser que las grandes oportunidades sean escasas, pero las pequeñas se dan con mucha frecuencia.

El darse a los demás y el vivir para los demás ennoblece a la persona, humaniza la sociedad y hace orientar el futuro por las sendas de la paz y la justicia, los dos aliados de la auténtica solidaridad.

299.-El don precioso de la libertad

La libertad es un valor en alza pero no siempre alcanzamos su plenitud y su grandeza.

A juicio de Julio Cortazar, hay dos tipos de libertad: una de ellas, la falsa, mediante la cual se hace lo que se quiere, y otra, la verdadera, con la cual se hace lo que se debe.

¡Si, la libertad enlaza fundamentalmente con el sentido moral del ser humano!

¡Si, ser libre "no es hacer lo que se quiere, sino lo que se juzga mejor y más conveniente" (Jaubert)!

La libertad es el mayor don de un ser humano que enlaza fundamentalmente con su dignidad, y cuando la asociamos a la verdad, la bondad y la justicia, entonces el "cielo se abre de par en par".

300.- Hambrientos de amor

El hombre mismo, en su esencia más profunda, es un "animal hambriento de amor" y con "capacidad de amar y ser amado".

En su más auténtica contemplación, desde un esquema ascendente de necesidades, el ser humano es un peregrino en los caminos de la vida que reclama amor, solamente amor.

Muchos piensan que esa sed interior puede ser satisfecha con cosas, asociando la felicidad al concepto tener... Y descubren, no sin haber recorrido el camino sin éxito, que los bienes no satisfacen al hombre en lo hondo.

El hombre mismo en su tendencia a "lo infinito en su finitud" descubre que su capacidad de amar no puede reducirse a sus "pequeños amores", sino que alcanza al Misterio en toda su profundidad y en toda su grandeza.

Y descubre, en algunos recodos del camino, que el ama en el interior mismo del Amor, que es Dios.

301.- "Alma en búsqueda"

Y dijo el profeta: En ocasiones, los hombres se angustian en su tránsito.

¡Si, en medio de sus días, huidizos en sus contornos, intentan encontrar una verdad que haga palidecer sus huecos y despejar sus miedos!

¡Si, en medio de sus afanes, la mayoría de las veces cargas pesadas en su centro, buscan un reposo que les haga serenar su alma y olvidar sus cansancios!

Y es en ese momento atroz, herido en sus adentros, el alma busca aquello que les satisfaga en lo hondo, descubriendo sin mucho esfuerzo, que lo verdaderamente cierto es su "capacidad de amar y ser amado"

Y esa ansia de amor, tan abundante como insaciable, será colmada sin defecto en el ámbito de lo eterno y en la apertura de lo "Totalmente Otro".

302.-Modificar nuestra conducta

Tenemos un camino excepcional para modificar y cambiar nuestra conducta: la observación y el comentario de los otros.

Epicuro sentenciaba con gran sabiduría: "si lo malo que dicen de ti es verdad, corrígete; si es mentira, ríete"

¡Y cuántas veces perdemos estas grandes oportunidades en beneficio de la venganza y el desprecio!

En ocasiones, cuando nos critican lo único que hacemos es defendernos de ella y atacamos sin piedad, perdiendo esa gran oportunidad para reflexionar sobre nosotros mismos.

¡Y cuántas veces gastamos muchas energías dándole cobijo y alas a comentarios fugaces que son aliados de la mentira y del chisme!

303.-La dimensión religiosa

La dimensión religiosa constituye una dimensión integradora en la personas porque lo remite en una doble dimensión: por un lado, a lo más íntimo de sí mismo, y, por otro lado, más allá de sí mismo.

Remitirlo a lo más íntimo de sí mismo significa armonizar todas sus acciones, sus ideas, sus creencias y sus motivaciones desde un Yo absoluto que le da razón y sentido global a su misma existencia, rompiendo todo intento de ruptura y de separación que lo lleva a "viajar a ninguna parte".

Remitirlo más allá de sí mismo es tomar conciencia que su vida tiene una razón de ser más allá de su propia conciencia y que "depende existencialmente" de Alguien "que le da sentido global último a la propia existencia, al curso de la historia y al conjunto de la realidad" (Martín Velasco).

¡Si, la dimensión religiosa nos sitúa en el plano más importante de nuestra historia y nos recuerda que más allá de esta conflictiva existencia hay Alguien que nos ama como únicos e irrepetibles, y eso nos satisface enormemente!

304.-"La sed existencial insaciable"

El ser humano tiene una gran capacidad de superar las dificultades que le presenta la vida. Más aún, cuando un ser humano se ve avocado a la frustración, entonces aparece en su horizonte las distintas soluciones para afrontar tal situación.

El ser humano tiene una "sed existencial insaciable" que le lleva a buscar "el agua viva que sacie esa sed". Y esa "sed existencial" solamente puede ser satisfecha por el amor, ya que somos "animales con capacidad de amar y ser amados".

¡No nos engañemos: las soluciones que van por el camino del tener y del apego lo único que hace es hundirnos más aún en el pozo, y nos aumenta con desgarro la sed, aunque al principio parezca que la quita!

¡Somos "animales con capacidad de amar y ser amados" y el secreto de la felicidad está en peregrinar por sus veredas!

305.-Consejos de Oro

Cierto día un joven preguntó a un sacerdote unas preguntas que le preocupaban desde hacía tiempo: ¿En qué momento hay que comenzar cada obra? ¿A quién habrá que ayudar y cuál es la obra más importante que podía realizar?

Y el sacerdote le respondió: "En muchos momentos de tu vida te arrepentirás de haber nacido y te rebelarás contra tu misma existencia, pero nunca olvides estos consejos: tú eres único e irrepetible en el proyecto de salvación que Dios tiene para la humanidad y tu presente es el momento más oportuno para hacer el bien.

La persona más necesaria de ayuda es aquella que encuentres en tu momento presente y la obra más importante es aquella que hagas encaminada para hacer el bien"

Y el joven le miró agradecido y satisfecho de aquellas palabras, que tenían gran fuerza y gran sabiduría.

306.-La experiencia del Resucitado

Y dijo el profeta: Todos los escritos del Nuevo Testamento poseen un mensaje común, que se convierte en el pilar sólido y en el fundamento de todo el Cristianismo. Y ese mensaje es relativamente simple: Dios ha resucitado al crucificado y los apóstoles son testigos de este acontecimiento trascendental para la humanidad.

Ciertamente, ningún escrito del Nuevo Testamento habla del hecho de la resurrección ni nadie describe el acontecimiento mismo de la resurrección, sino que afirman con contundencia que los apóstoles han visto al resucitado.

Este encuentro con el Resucitado provoca una transformación de los mismos discípulos: la tristeza se convierte en alegría, la duda se debilita en beneficio de la fe, la ruptura en el seguimiento da paso al testimonio del Resucitado...

¡Si, "ocurrió algo y no nada" y no sólo en los mismos discípulos sino que esa experiencia pascual aconteció realmente en Jesús de Nazaret!

307.-Tú serás lo que decidas ser

Tú serás lo que decidas ser. Tus ideales irán confirmando tu vida y ellos lo único que gestarán en tu interior será el verdadero amanecer de una existencia auténtica y realizada.

No hay un solo día en el que no encuentres miles de oportunidades para crecer como persona y para renunciar a todo lo que destruye lo mejor de tus sentimientos, actitudes, palabras y acciones.

La elección para ser tú mismo y confirmar tu existencia de manera equilibrada y auténtica conlleva, en muchas ocasiones, grandes renuncias y sacrificios.

Optar por tus propios sueños y ser tú mismo puede enfrentarte con los intereses de los demás, y eso genera sufrimiento, pero es un camino sin retorno para encontrarte con tu propia identidad.

308.-La búsqueda de la belleza

Y dijo el profeta: El alma humana busca ardientemente y anhela apasionadamente la belleza, aunque parezca que en nuestra sociedad se impone una tendencia a lo feo y a lo deforme.

Por esta razón no es casual que una de las manifestaciones humanas y culturales más importantes sea el arte.

El Concilio Vaticano II afirmaba: "Las obras de arte sagrado, por su naturaleza, están relacionadas con la infinita belleza de Dios, que intentan expresar de alguna por medio de obras humanas…

Por esta razón, la Santa Madre Iglesia fue siempre amiga de las bellas arte, buscó constantemente su noble servicio y apoyó a los artistas principalmente para que las cosas destinadas al culto sagrado fueran de verdad dignas, decorosas y bellas, signo y símbolos de las realidades celestiales" (Sacrosanctum Concilium, 122).

309.-El triunfo del Resucitado

Para el Cristianismo, el sufrimiento ha sido vencido por el amor en Jesucristo resucitado. Y la crucifixión de Jesucristo es señal inequívoca de que el dolor y el sufrimiento no es un castigo divino.

Jesucristo sufre inocente y voluntariamente, y nos afirma con su propia vida que el amor es más fuerte que el dolor y la muerte.

Desde la Resurrección de Jesucristo, su muerte y su dolor adquieren unas dimensiones más evidentes y nos recuerdan que son "puertas para alcanzar la plenitud".

El triunfo de Jesucristo nos afirma que nuestras quejas y nuestros gritos tienen remitente y nuestras víctimas tendrán al fin justicia.

El triunfo de Jesucristo nos confirma que por muy fuertes que parezcan el sufrimiento y el mal, al final serán triturados por el Creador y triunfará el amor.

FRANCISCO BAENA CALVO (Luque. Córdoba. 1962)

Sacerdote diocesano de Córdoba. Licenciado en Estudios Eclesiásticos. Ejerce de profesor de Moral y Religión Católicas en el IES "Florencio Pintado" (Peñarroya-Pueblonuevo)

Ha ejercido su labor pastoral en Pozoblanco, Villaralto, Cardeña, Azuel, La Venta del Charco, Torrecampo y El Guijo, Fernán Núñez, Peñarroya-Pueblonuevo y El Porvenir. Actualmente es Párroco "In solidum" de la Parroquia de "San Acisclo" de Córdoba.

La Nueva Evangelización exige una presencia constante en los medios de comunicación social.

En medio de palabras que crean opinión y van interpretando la historia y los acontecimientos, la presencia cristiana debe ser un altavoz en defensa del hombre.

PALABRAS AL VIENTO nacieron como un remanso de paz para las ondas de la radio y su objetivo era hacer florecer la esperanza y la confianza en el ser humano desde una perspectiva cristiana.